NATIVE JAPANESE SPEAKER

日本語母語話者のための
中国語語彙習得研究

小川典子
NORIKO OGAWA

CHINESE VOCABULARY

東方書店

まえがき

　一般的に中国国内における中国語教育の研究では、漢字圏の中国語学習者はその他の国の学習者よりも中国語の語彙習得に関しては有利であると考えられているが、学習者の持つ漢字知識が正の転移（positive transfer）となることもあれば、負の転移（negative transfer）となることもありえる。例えば、日本語を母語（以下、first languageとしてL1[1]）とする中国語学習者は、中国語の語彙を見て「日本語と同じ漢字を使っているので、中国語も同じような意味だろう」と考え、誤った解釈に至ることがある。実際、中国語の中には日本語と同形、或いは形の似た語彙が多数存在するが、同形異義語も少なくはなく、たとえ同義語もしくは意味の近い語であったとしても、その語が使用される場面や範囲は日本語と全く同じとは限らない。しかし学習者は漢字がわかるがゆえに、初めて出会った語の意味を「わかった」と勘違いをしたり、未知の語であるということに気がつかなかったりすることもある。

　このようなことから、日本国内で中国語を教える教師の間でも語彙指導における漢字の取り扱いは様々である。語彙指導に積極的に漢字を利用した方が効率的であると考える教師もいれば、逆に学習者の漢字知識が中国語の習得の妨げになることを危惧し、日本語と中国語は異なる言語であるという立場から、この考えに否定的な教師もいる。

　日本語をL1とする中国語学習者の語彙習得に、漢字が少なからずの影響を及ぼすことは、恐らく多くの中国語教師がこれまでの経験から実感していることであろう。では、学習者はどのようにその漢字知識を活かせばよいのだろうか？　それとも漢字知識は中国語学習において逆に足かせとなるのだろうか？

　これまでの中国語教育における語彙習得研究は、主に中国国内のCSL（Chinese as a Second Language）学習者を調査対象としていた。そのため調査対象者の母語は多様で、調査者が学習者の母語を充分に理解していないこと

もあり、学習者の母語背景や母語の影響については詳細には分析されていなかった。本書では、日本語をL1とする中国語学習者が新しい語に出会った時に、どのように語彙を処理（lexical processing）して、どのように習得していくのか、特に、これまでの先行研究では詳しくは調査されていない、学習者の母語の影響、日本語をL1とする中国語学習者に漢字がどのように影響するのかについて考えていきたい。このような考えに基づき、本書では主に以下の5点を明らかにしたいと考える。

（1）日本語をL1とする中国語学習者の語彙習得と語彙学習にはどのような傾向があるのか。
（2）学習者は、何を手がかりに、どのようなプロセスで初めて出会った未知の語を処理するのか。
（3）学習者が語彙処理に失敗したり、誤って理解をしたりする場合には、何がその原因となりうるのか。
（4）語彙習得と語彙学習に漢字知識はどのように影響するのか。
（5）日本語をL1とする中国語学習者にとっては、どのような語彙学習が有効なのか。より良い語彙学習とは何なのか。

　L2学習者は、学習歴が長くなるにつれて、教室外で語彙を学ぶ機会が増えてくる。加えて、上級の段階になると、辞書には載っていない語に遭遇するようなこともある。このことからも、教師はどのように語彙を教えなければならないかということのみならず、学習者がどのように語彙を処理し、いかに身につけていかなければならないかということについても検討しなければならないと言える。本書の研究を通して、日本語をL1とする学習者がどのように語彙を学んでいけばよいのかを考え、教師が何に注意を払うべきなのか、学習者への語彙指導の方向性を示す糸口となることが期待される。

　本書は全6章から構成されており、第1章「第二言語としての語彙習得研究概観」で、第二言語全般の語彙習得研究の中から、本書の研究と関連のあ

る、語と語彙の知識、語彙習得に影響を与える要因、語彙学習に関する先行研究を概観し、第2章「中国語学習者の語彙習得研究」では、現代中国語における語の定義、特徴および種類について述べ、語を形成する語素と語意の関係について紹介した上で、中国語学習者を対象とした語彙習得および語彙学習に関する先行研究をまとめて、本書の位置づけを明らかにする。

　第3章「短文の中での学習者の語彙習得」では、短文を調査材料として語彙テストを実施し、学習者の未知語の意味推測に関して調査をしている。調査目的、調査内容、語彙テストの結果を明示した上で、学習者が未知語の意味を推測する際に使用する手がかり、「知識源」について分析している。また学習者が未知語の意味推測に失敗するケースについても考察し、学習者の漢字知識の利用状況についても言及している。第4章「長文読解の中での学習者の語彙習得」では、テキストを用いて長文読解における学習者の語彙習得について調査をしている。調査内容および語彙テストの結果を明示し、学習者のケーススタディ、長文読解における知識源の使用、学習者が使用するストラテジーを分析し、学習者の未知語に対する認識についても考察する。

　第5章「より良い語彙学習のために―学習者の語彙学習ストラテジー調査より―」では、学習者の語彙学習ストラテジーを調査している。調査内容を明示した上で、調査で見られた語彙学習ストラテジーを分類し、学習者の使用頻度と学習者間の差異を考察して、より良い語彙学習とは何なのかについて考える。

　第6章「おわりに」では第3章から第5章までの考察をまとめ、調査の限界と今後の課題、語彙指導への示唆について述べる。

【注】

　[1]　これと対応して、母語ではない言語をL2とする。本書では主に中国語を指す。

日本語母語話者のための中国語語彙習得研究
目次

まえがき ……………………………………………………………………………………… i

第1章　第二言語としての語彙習得研究概観…………………………………………… 1
1.1 語と語彙の知識／1.2 語彙習得に影響を与える要因／1.3 語彙習得に関する先行研究

第2章　中国語学習者の語彙習得研究 ………………………………………………… 13
2.1 現代中国語における語／2.2 語素と語意の関係／2.3 中国語学習者の語彙学習に関する
先行研究／2.4 本書の位置づけ

第3章　短文の中での学習者の語彙習得 ……………………………………………… 29
3.1 調査目的／3.2 調査内容／3.3 語彙テスト結果／3.4 学習者の知識源／3.5 知識源の使用
頻度／3.6 知識源の有効性／3.7 未知語の意味推測の失敗／3.8 学習者の漢字知識の利用／
3.9 第3章まとめ

第4章　長文読解の中での学習者の語彙習得…………………………………………… 87
4.1 調査内容／4.2 語彙テスト結果／4.3 テスト結果分析／4.4 学習者のケーススタディ／
4.5 長文読解における知識源の使用／4.6 未知語の意味推測において学習者が使用するストラ
テジー／4.7 学習者の未知語に対する認識／4.8 第4章まとめ

第5章　より良い語彙学習のために
　　　　―学習者の語彙学習ストラテジー調査より― ……………………………… 197
5.1 調査内容／5.2 学習者の語彙学習ストラテジー／5.3 学習者が多用する語彙学習ストラ
テジー／5.4 学習期間による語彙学習ストラテジーの変化／5.5 成績上位者と下位者の語彙
学習ストラテジーの違い／5.6 第5章まとめ

第6章　おわりに ……………………………………………………………………… 217
6.1 研究結果のまとめ／6.2 研究の限界と今後の課題／6.3 学習者の語彙学習に対する指導
への示唆

参考文献 ………………………………………………………………………………… 224
付録資料 ………………………………………………………………………………… 234
あとがき ………………………………………………………………………………… 249

第1章　第二言語としての語彙習得研究概観

1.1　語と語彙の知識

　語とは1つ以上の形態素から成る言語の構成要素であり、まとまって発音される、意味を変えずに切り離すことができない、単独で質問の答えになりうるなどの特徴がある。一般的に語の定義は、意味、音、文法的特性、表記によって決められるが、厳密な定義は言語によって異なる（畑佐ほか 2012）。

　語彙を理解し、運用するためには様々な知識が必要であるが、語彙知識について、応用言語学および第二言語習得研究分野で最もよく知られているのはNation（2001）の理論枠組みであろう。Nationは語に関する知識は「語形（form）」「意味（meaning）」「使用（use）」の3つの領域から成るとしている。その上で「語形」を「音声」「綴り」「語の構成要素」に分類し、「意味」は「語形と意味」「概念と指示物」「連想」に、「使用」は「文法的機能」「コロケーション」「使用時の制約」と下位区分し、それぞれにおいて受容知識と産出知識という2つの側面があるとしている（次ページ表1参照）。「語形」「意味」「使用」に関する知識は異なる領域であるが、語彙を運用する際に相互に関連しあう形で存在し機能する。

　語彙知識については他の考え方もある。堀場（2015b）によると、例えば、語を見て・聞いて形が認識できる、語を見て・聞いて意味がわかる、語を使って文を作ることができるということはそれぞれ異なる能力を表している。形と意味については、部分的か全体かという問題もある。一般に受容語彙（receptive vocabulary）は産出語彙（productive vocabulary）より先に習得される。そして多義語の場合、いくつの異なる意味を知っているか、いくつの異なる使い方ができるか、という問題も絡んでいる。語彙知識の習得・発達は動的で段階的なものである。したがって、語彙知識の習得や使用について

1

考える際には、語彙知識のどの側面・要素にアクセスして、どのような情報処理を行い、どのようなタスクを達成するかという点から、再認（recognition）、再生（recall）、産出（production）など、より具体的な行動に分類することができる。

　上記の他、心理言語学の観点から多く取り組まれている研究として、語彙知識を既知語のネットワークである心内辞書（mental lexicon）として概念化するアプローチもある（Aitchison 1994；門田 2003；高立群ほか 2003など）。このアプローチでは、知識の深さとは語を心内辞書のネットワークに結合することであり、関連語と結びつけたり、区別したりする能力と関係していると考えられている。

表1　Nation（2001）における語彙知識の枠組み

語形	音声	受容	当該語がどのように聞こえるか
		産出	当該語をどのように発音するか
	綴り	受容	当該語がどのように見えるか
		産出	当該語をどのように綴るか
	語の構成要素	受容	当該語の構成要素を見分けられるか
		産出	構成要素を使って意味を表せるか
意味	語形と意味	受容	当該語がどのような意味を表すか
		産出	ある意味を表すための語形を使用できるか
	概念と指示物	受容	ある概念に含まれるものは何か
		産出	ある概念が指示するものは何か
	連想	受容	当該語は他のどの語を連想させるか
		産出	当該語の代わりに他のどの語を使用できるか
使用	文法的機能	受容	当該語はどのような文型で現れるか
		産出	当該語をどのような文型で使用するか
	コロケーション	受容	当該語はどのような語と一緒に現れるか
		産出	当該語はどのような語と一緒に使用するか
	使用時の制約	受容	どのような場面で、いつ、どのくらい遭遇するか
		産出	どのような場面で、いつ、どのくらい使用するか

1.2　語彙習得に影響を与える要因

　L1はL2の心内辞書や語彙処理に関与し、L1での語彙処理ストラテジーはL2の語彙のアクセス経路に影響を及ぼすことがわかっている（Koda 2005）。L1はL2の同根語の処理を促進する反面、L2の同形語の語彙認知に負の影響を与えることもある（畑佐ほか 2012）。

　その他、語彙習得に影響を与える要因としてLaufer（1990）は、発音のしやすさ、語の長さ、品詞、語構成、形態素変化の複雑さ、多義性、メタファーやニュアンスなどを挙げている。谷内（2003b）は語に内在する要因として、発音のしやすさ、品詞、語形の明確さ、語の長さ、語形と意味の相関性、推測のしやすさ、多義性、認知的な難しさを挙げ、これらのほとんどがNation（2001）の語彙知識のうち、「語形」と「意味」に関わると述べている。

　Brusnighan & Folk（2012）は、語彙学習に影響を与える語の性質として、語意の透明性（semantic transparency）を挙げている。語意の透明性とは、語の構成要素から語全体の意味が推し測れる程度であり、透明性が高い語（transparent words）（例：milkshakeなど）は個々の構成要素から語全体の意味を容易に推測することができるが、透明性が低い語（opaque words）（例：cocktailなど）は語の構成要素から全体の意味を推測することは難しい。Brusnighan & Folk（2012）では、文脈中に出現する未知語の意味を推測する際に、学習者は透明性が高い語に比べて、透明性が低い語の処理に多くの時間をかけていることを報告している。

1.3　語彙学習に関する先行研究

　第二言語の習得において、語彙の学習が重要であることは言うまでもないが、学校などの指導で身につく語彙数は1年に約200〜300語が限界であることがNagy, Anderson & Herman（1987）で指摘されており、学習者が学校の

指導だけで膨大な量の語彙を身につけることは不可能であると考えられる（森 2004）。これはつまり、学習者は多くの語を直接の指導なしに、自ら処理し、身につける能力を学んでいかなければならないことを意味する。

L1、L2ともに基本的な数千語以外は、ほとんどが内容理解を目的とした読解や聴解などの活動を通して学ぶと考えられており（Nation 2001）、学習者は、大半は実際に読んだり聞いたりする過程で、意識せずして、文脈の中から意味を推測して新しい言葉をどんどん学習している。そういった偶発的な学習を意識しないで行っている（森 2004）。中級以上の段階になると、テキストなどの中で抽象的な意味を持つ語や文脈によって意味が変わる語に出会う機会が多くなり、それらの語の意味が未知であったり新しい用法であった場合、学習者は内容理解のため、その語が出てくる文脈から得られる手がかりやそれまでに積み重ねてきた言語知識を使って意味を推測したり、身近な人に意味を確認するなどして、新しい語の意味や用法を学習していく。このような学習は母語話者が語彙を学習していく過程に似ており、中級以上の段階になって可能となる学習形態である（谷内 2003a）。

1.3.1　付随的語彙学習

語彙学習は一般的に意図的語彙学習（intentional vocabulary learning）と付随的語彙学習（incidental vocabulary learning）に大きく分けられる。単語帳を作って覚えるなど、語彙を学ぶことを目的とした活動で語彙を学習することを意図的語彙学習と呼び、読解活動など内容理解を目的とした活動を通して副産物的（by-product）に単語を覚えることを付随的語彙学習と呼ぶ（Nation 2001；Webb 2007）。

また谷内（2003a）においては、付随的語彙学習は内容理解が前提となっているため、内容理解のために行われる語の意味推測、辞書や語の注釈といった外的支援の効果、内容理解に影響を与える要因、内容理解を促すタスクなども付随的語彙学習研究の範囲に含まれるとしている。さらには、付随的語

彙学習は読解の中だけでなく、聴解の中でも起こるという立場をとる研究もある。

Huckin & Coady（1999）は付随的語彙学習の利点として、(1) 付随的語彙学習はコンテクストの中で起きるため、学習者により豊富な語の使用知識を与えることができる。(2) 付随的語彙学習は語彙習得と読解が同時に発生するため、効率よく教えることができる。(3) 付随的語彙学習は学習者にあわせて読解の材料を選択することができる、という3点を挙げている。反面、付随的語彙学習では、学習者が未知語の意味推測に失敗したり、未知語を知っていると思い込んだりすることがあり、またL2における付随的語彙学習はL1の付随的語彙学習と比較して学習効率が悪いという検証も報告されている。しかし、中級以上のレベルの学習者が多くの語を付随的語彙学習によって身につけていくことは事実であり（谷内 2003a）、L1と比較しても時間的、条件的に制限のあるL2学習者が、どのように効率の悪さを改善し有効的に学習するかが語彙学習では重要になってくると考えられる。

また付随的語彙学習の研究における理論的枠組みを提供する試みも行われている。Laufer & Hulstijn（2001）はL2語彙学習に関する要因として、必要性（need）、検索（search）、評価（evaluation）という3つの要因を仮定し、この3つの要因の組みあわせの程度によってL2語彙学習を促進するタスクの効果が決定されるとする関与負荷（involvement load）仮説を提唱した。必要性とは、学習者が言語使用を通して語を処理する必要がある場合、L2の語彙習得が促進されるという想定である。検索とは、学習者が当該語の意味や用法を辞書や外的な助けをもとに検索する場合、語彙習得が促進されるとの想定である。そして評価は、語彙の受容や産出の際に当該語の用法が、その文脈において適切であるか否かを判断する場合、語彙習得が促進されるとの想定である。関与負荷仮説に関しては、これまでいくつかの実証研究が行われており（Hulstijn & Laufer 2001；Kim 2011；孫暁明 2012など）、それらの研究はこの仮説を支持する結果を示している。

1.3.2　未知語の意味推測

　未知語の意味推測と付随的語彙学習は密接な関係にあり（Nassaji 2004）、付随的語彙学習は主に未知語の意味推測というプロセスを経て完成する（銭旭菁 2005）。Huckin & Coady（1999）においては、付随的語彙学習の過程では未知語の意味推測が伴うため、未知語の意味推測は語彙の学習方法の1つとして位置づけられている。

　未知語の意味推測は、付随的語彙学習に関する研究が発達するのと同時に、注目を集めるようになっていった。最初に「未知語の推測（lexical inferencing）」という言葉を用いたのは、Haastrup（1991）である。ここでは「全ての利用可能な言語的な手がかりを、学習者の一般的な知識と組みあわせて、単語の意味に関する情報に基づく推測をすること」と定義され、単なる文脈情報からの推測（guessing）とは異なると主張されている。つまり、未知語の推測はテキストだけでなく、学習者の持つあらゆる知識を活用して行うものであると考えられる。

　未知語の意味推測に関して、代表的な研究の1つにはMori（2003）がある。Mori（2003）では、英語を母語とする中級・中上級の日本語学習者を対象として、既知の漢字で構成された未知の漢字熟語の処理について調査を実施した。Moriは「語のみ」「文脈のみ（空欄に入る語を推測する）」「語＋文脈」という3つの条件下で未知語の意味推測を行う際の、文脈と語の構成要素が与える影響を検証した。その結果は、（1）漢字熟語の語の構成要素からの情報と、文脈からの情報を組みあわせて使うと、1つの情報だけを使う場合よりさらに効果的である。（2）語彙学習に対する考え方と語の意味推測能力との間には相関関係があり、文脈を使って推測する能力は言語習熟度と関係がある。しかし（3）語の構成要素と文脈の2つの情報を活用する能力は言語習熟度とは関係がない、というものだった。

　山方（2013）では、中国語と韓国語を母語とする日本語学習者と日本語母語話者を対象に、読解における未知語の処理に関する調査をしている。その

結果（1）語彙推測能力には語彙知識の深さが影響している。（2）語彙推測ストラテジーの使用には語彙知識の深さだけでなく、テキストのトピックの馴染み度なども影響している。（3）未知語の意味推測には学習者の母語による違いがある、ということが判明した。母語による違いに関しては、中国語母語話者は語彙知識の活用が顕著であり、韓国語母語話者は語彙と文法の両知識を活用するものの、文法知識との関係がより強いという結果が導き出されている。これは、中国語は漢字という文字表記上の共通点、韓国語は統語構造における高い類似性という、L1とL2の言語間距離が反映されていると考えられる。

　日本語学習者の未知語の意味推測に関して、谷内（2002）では、「日本語を学ぶ学習者は漢字圏出身の者は多いが、言語背景が異なるために語の推測の過程も異なるのではないかと思われる。このことから、語の意味推測における漢字圏出身者の母語知識の影響を考慮に入れた研究も必要であろう」と述べている。畑佐ほか（2012）においても「漢字圏学習者の推測ストラテジーについてはまだ研究が進んでおらず、漢字圏の学習者の場合、語彙処理がL1の語彙知識の影響を強く受けることから、推測の過程は英語学習者とは異なる可能性がある。したがって、漢字圏出身者の母語知識の影響を考慮に入れた語の意味推測研究も今後検討されるべきである」と指摘されている。

　同様に、中国語学習者に関しても、日常生活で漢字を常用する日本人の学習者と他国の中国語学習者の語の意味推測の過程は異なったものであることが考えられる。しかしながら、中国語教育の研究において、いくつか見られる語の意味推測に関する研究の多くは非漢字圏の学習者を調査対象者としたものである。このことからも、日本語を母語とする中国語学習者が何を考え、どのように語の意味を理解するかを把握することは充分に研究の意義があると考えられる。

1.3.3　語彙学習ストラテジー

　1980年代以降、第二言語の学習ストラテジー（learning strategies）は多くの研究者によって取り組まれているテーマである。その中で最も代表的な研究はOxford（1990）によるものである。Oxfordは学習ストラテジーを「学習をより易しく、より早く、より楽しく、より自主的に、より効果的にし、かつ新しい状態に素早く対処するために学習者がとる具体的な行動[1]」と定義し、学習ストラテジーを直接ストラテジーと間接ストラテジーという大きな2つのカテゴリーに分類している。直接ストラテジーとは目標言語に直接関わる言語学習ストラテジーのことであり、①記憶ストラテジー（memory strategies）②認知ストラテジー（cognitive strategies）③補償ストラテジー（compensation strategies）という3つの下位カテゴリーを持つ。記憶ストラテジーは「一定の機能を持ち、新しい情報の蓄積と想起を助ける」もの、認知ストラテジーは「学習者がいろいろな方法を使って、外国語を理解し、発話するのに役立つ」もの、補償ストラテジーは「言語使用にあたって、知識のずれを埋める目的で使われる」ものである。間接ストラテジーは言語学習を支えるもので、多くの場合は目標言語に直接関係しないものである。間接ストラテジーは④メタ認知ストラテジー（metacognitive strategies）⑤情意ストラテジー（affective strategies）⑥社会的ストラテジー（social strategies）という3つの下位カテゴリーを持つ。メタ認知ストラテジーは「学習者が自ら学習の位置づけ、順序立て、計画、評価といった機能を使って、言語学習の過程を調整する」もの、情意ストラテジーは「感情、動機づけ、態度を調整するのに役立つ」もの、社会的ストラテジーは「学習者が他の学習者とのコミュニケーションを通して学習していくのを助けるもの」である。Oxfordの分類をもとにした調査用紙はStrategy Inventory for Language Learning（SILL）と呼ばれ、学習ストラテジー研究だけでなく、語彙学習ストラテジーの研究においてもよく使用されている。

　学習ストラテジー研究に第二言語語彙研究が組みあわされた形で生じたの

が、第二言語語彙学習ストラテジー（vocabulary learning strategies）の研究である。これは学習者がどのようなストラテジーを使用して第二言語の語彙を習得していくのか、未知語に初めて遭遇するところから、記憶に留めるまでの過程で使用するストラテジーを考察するものである。語彙学習ストラテジーの代表的な研究としては、まずGu & Johnson（1996）が挙げられる。Gu & Johnsonは中国人の英語学習者に対して、語彙学習ストラテジー調査票VLQ（Vocabulary Learning Questionnaire）を用いて大規模な調査を行い、語彙学習ストラテジーを①メタ認知規則（metacognitive regulation）②推測ストラテジー（guessing strategies）③辞書ストラテジー（dictionary strategies）④ノートテイキングストラテジー（note taking strategies）⑤記憶ストラテジー（リハーサル）（memory strategies: rehearsal）⑥記憶ストラテジー（エンコーディング）（memory strategies: encoding）⑦活性化ストラテジー（activation strategies）の7つに分類した。

　Schmitt（1997）は日本人の英語学習者を対象に語彙学習ストラテジーを調査し、発見ストラテジー（discovery strategies）と定着ストラテジー（consolidation strategies）に大きく2分類した。発見ストラテジーとは新しい語彙と出会った時にその意味を理解するために用いるストラテジーで、定着ストラテジーは語彙の意味を記憶する際に使用するストラテジーである。SchmittはOxfordの6つのカテゴリーの中から①記憶ストラテジー、②認知ストラテジー、④メタ認知ストラテジー、⑥社会的ストラテジーの4つを取り入れ、そこに新たに語彙学習ストラテジー特有のカテゴリーを付け加えた上で、発見ストラテジーと定着ストラテジーの下位分類とした。この研究でSchmittは、日本人の英語学習者は新しい語彙に出会い、意味を知る際にはまず辞書を見るという強い傾向があり、語彙を記憶する際には繰り返し書き、繰り返し発音すると答えている学習者が多数であることを指摘した。その上で、これは暗記が要求される日本の教育システムが影響しているのではないかと考察している。

　一方、Nation（2001）は語彙知識の側面や学習段階を考慮した分類法を開

発しており、ストラテジーはおおまかに「プランニング」「情報源」「処理過程」の3つに分類されている。「プランニング」は何に、いつ、どのように注意を払うかを決めることで、「語彙を選ぶこと（学習目標に合う頻度や専門性のレベルの語彙を選ぶ）」「焦点を当てる語彙知識の側面を選ぶこと（意味、形の変化、コロケーションなど）」「ストラテジーを選ぶこと」「繰り返しのプランニング」の4つのタイプがある。「情報源」は新出語彙を学習するためにその語彙に関する情報を入手することで、「語彙の分析（接辞と語幹など）」「文脈の使用」「母語、または第二言語の参考資料にあたること（公的なもの、より自然発生的な情報源）」「母語、または第二言語との類義語の使用」がある。「処理過程」は語彙を覚える方法と覚えた語彙を使えるようにするための方法に関するもので、「気づき（語彙を学習すべき項目と見なすこと、カードの使用、繰り返しなど）」「想起（記憶の再生）」「生成」の3つがある。

　学習者は未知語に初めて遭遇した際、（1）無視する（2）語の構成要素から意味を推測する（3）文脈から意味を推測する（4）人に聞く（5）辞書で調べる、このいずれか1つ、或いはこれらを組みあわせたストラテジーを使用することがあるとされている（Laufer 1997；Nation 2001；森 2004）。Paribakht & Wesche（1999）では学習者が読解の中で未知の語に出会った際に用いるストラテジーについて研究がされている。ここでも、学習者は未知の語に出会った時、大半は無視する傾向があり、無視しない語であっても、それらに対して最もよく使うストラテジーは「語の意味を推測する」であった。このことから、学習者は未知の語に出会った時にとるストラテジーの中で、「無視する」ストラテジーと「意味を推測する」ストラテジーを多く使っていると考えられている。

　Fraser（1999）では、第二言語学習者が読解の中で未知の語に出会った時に用いる語彙処理のストラテジー（無視する、辞書などで調べる、意味を推測する）と、それが語彙学習に与える影響について半実験的に行った調査の結果を報告している。対象者は中級レベルのESL（English as a Second Language）コースに在籍しており、調査の結果、学習者の第一言語の語彙知識を使った

10

語の意味推測が最も記憶保持に効果があることが明らかとなっている。この研究は学習者の語彙処理ストラテジートレーニングを兼ねたものであるが、トレーニングによって、未知の語を無視する割合は減り、意味推測に成功する割合は高くなっている。

　英語学習者のストラテジー使用の研究によれば、優れた学習者は幅広くストラテジーを使用しているが、多くの学習者はストラテジーの一部しか使用できていないことが明らかになっている（Gu & Johnson 1996）。このことから、Nation（2001）は語彙学習ストラテジーのトレーニングを行うことは、第二言語の語彙の発達に対して非常に有効であるだろうと述べている。語彙学習ストラテジーに関する研究は、教師が学習者に対してトレーニングを行う際に、数多く存在するストラテジーの中から焦点を当てるべきストラテジーを選択する上でも欠かせないものであると考えられる。

【注】

[1]　レベッカ L. オックスフォード（著）、宍戸通庸・伴紀子（訳）（1994）『言語学習ストラテジー：外国語教師が知っておかなければならないこと』凡人社での訳による。

第2章 中国語学習者の語彙習得研究

2.1 現代中国語における語

　現代中国語の中の語彙数はおおよそ4万～5万語（张和生 2006）で日常の必要をまかなう最低限の中国語の語彙数は約3万語（大河内 1990）とされている。

　現代中国語における語の定義としては、朱德熙（1982）の「独立して使用することができる、一定の意味を持った、最も小さな言語単位である[1]」という定義が現在最も広く受け入れられている。葛本仪（2001）においては、語について次のような6つの特徴を挙げている。（1）語は必ず音声形式を持っている。（2）語は一種の定型構造である。（3）語は必ず一定の意味を表している。（4）語は独立して使用することができる。（5）語は一種の最も小さな単位である。（6）語は文を作る材料の単位である。以上を踏まえた上で、「語とは、言語の中の音と意味を兼ね備えた一種の定型構造で、文を作るために独立して使用することができる、最も小さな単位である」とまとめられている。

　現代中国語においては2つ以上の語素[2]によって成り立つ語は合成語とされ、合成語は語根（词根）と接辞（词缀）から成る派生語と、語根と語根によって成り立つ複合語に分類される。《現代汉语频率词典》（1986）によると現代中国語の語の中の70％以上が合成語であり、合成語の中で複合語が占める割合は90％近くになる。複合語の分類は研究者によって様々であるが、最も代表的な語構成の分類では並列式（并列式）、偏正式（偏正式）、主述式（主谓式）、述補式（述补式）、述目式（述宾式）と大きく5種類に分けられる。以下、詳細を見られたい。

13

(1) 並列式（并列式）

　"并列式"または"联合式"と呼ばれる。並列式は語を構成する前後の語素が並列関係にあり、各語素の意味が似ているもの、逆の意であるもの、同類のものなどがある。

a.　同義語素並列

　2つの語素の意味が同じ或いは近い関係にあるもの。並列式の中では同義語素並列の語が最も多いとされている。以下は同義語素並列の例である。

　　　道路（道路）、攻击（攻撃する）、离别（離別する）、生产（生産する）、孤独（孤独である）、途径（ルート）、价值（価値）、波浪（波、波浪）、语言（言語）

b.　反義語素並列

　反義語素並列は反対の意味を表す2つの語素によって構成されている。全体の語意は各語素の意味ではなく、事物全体を指す。以下はその例である。

　　　开关（スイッチ）、动静（様子）、赏罚（賞罰）、夫妻（夫妻）、矛盾（矛盾）、东西（もの）、买卖（商売）、出纳（金銭や物品の出し入れをする）、方圆（界隈）

c.　関連語素並列

　前後の各語素は同じ意味ではないが、関連性があるものを指す。このタイプは単純に各語素の意味を表すのではなく、それぞれの語素の意味が比喩的に用いられ、新しい意味を生み出している。

　　　口舌（言葉）、笔墨（文字や文章）、人马（人員、顔ぶれ）、江山（国家）、骨肉（肉親）、分寸（度合い）、领袖（指導者）、皮毛（表面的な知識）、热闹（賑やか）

d.　偏義複詞（偏义复词）

　以下は同類の成分である語素によって成り立つが、そのうち片方の語素の

意味的機能は弱くなり、音節的機能を持つだけにすぎないものである。

　　国家（国）、人物（人物）、忘记（忘れる）、质量（質）、窗户（窓）、睡觉（眠る）、教学（教える）、风景（景色）、眼睛（目）、姓氏（姓、名字）、酒水（飲み物）

（2）偏正式（偏正式）

　偏正式は前後の語素が連体修飾関係もしくは連用修飾関係にあるものを指し、意味上は前の語素が後ろの語素を修飾している。

a. 連体修飾式（定中式）

　連体修飾式は、前の名詞性、動詞性もしくは形容詞性の語素が、後ろの名詞性の語素を修飾する関係にある。中国語の複合語の中では連体修飾式が最も多く、全体の3分の1程度を占めている。

　　黒板（黒板）、电灯（電灯）、象牙（象牙）、汉语（中国語）、飞机（飛行機）、电车（電車）、开水（湯）、西医（西洋医学）、跑鞋（競争用の靴）、防线（防御線）

b. 連用修飾式（状中式）

　修飾する成分は副詞性の語素で、修飾される側は動詞性の語素であり、連用修飾式複合語の多くは動詞である。連用修飾式は連体修飾式と比べるとその数は随分少ない。

　　回顾（回顧する、思い返す）、热爱（熱愛する）、预习（予習する）、安息（安らかに眠る）、重视（重視する）、否认（否認する、否定する）、公布（公布する）

（3）主述式（主谓式）

　主述式は陳述式（陈述式）の下位分類にあるという考えもある。以下は陳述式の一例で、前の語素が説明の対象であり、後の語素が状況を説明している。

心疼（かわいがる、いとおしむ）、眼花（目がかすんでいる）、年軽（年が若い）、
内秀（外見はぱっとしないが、実際は繊細かつ聡明である）、口吃（どもる）

　陳述式の中には、前の語素が動作行為の主体を表し、後の語素が行為の変
化を表すものがあり、これが主述式となる。

地震（地震）、国営（国営の）、雪崩（雪崩）、耳鳴（耳鳴り）、海嘯（津波）、
日食（日食）、事変（事変）、心虚（びくびくしている）、目撃（目撃する）

（4）述補式（述补式）

　述補式は補充式（补充式）の下位分類にあるという考えもある。述補式
は、意味上は前の語素が動作行為を表し、後ろの語素が動作行為の結果や状
態を表して前の語素の補足説明をする関係にある。連用修飾式と同じく、そ
の多くは動詞である。

記住（覚えこむ、記憶して忘れない）、打到（打ち倒す）、延長（延長する）、
証実（実証する、裏付ける）、改善（改善する）、推广（広める、普及させる）、
扩大（拡大する）、促進（促進する）、接近（近づく）、降低（低下する）

（5）述目式（"述宾式"或いは"支配式"）

　述目式は前の語素が動作行為を表し、後ろの語素が動作行為の対象を表し
ている。

司机（運転手）、开幕（幕が開く）、动員（動員する）、关心（関心を持つ、気
にかける）、破産（破産する、倒産する）、刺眼（まぶしい）、迎春（正月を迎
える）

　上記の語構成に関して、許敏（2003）が中国語の語彙シラバス《汉语水平
词汇与汉字等级大纲》（1992）に収められている複合語の統計をとった結
果、偏正式（偏正式）の割合が最も高く43.42％を占めており、偏正式の中で
は連体修飾式（定中式）が多く複合語全体の32.08％であった。偏正式に次い
で多かったのは並列式（并列式）で34.94％、次に述目式（述宾式）10.96％、

述補式（述补式）3.77%と続き、最も割合が低かったのは主述式（主谓式）で
わずか0.75%にすぎなかった。

2.2　語素と語意の関係

　形態素（morpheme）は中国語学の世界では「語素」と呼ばれる。呂叔湘
(1979) は語素とは「語を形成する、音と意味を持つ最も小さな言語単位で
ある[3]」と述べており、一般的には中国語では漢字1つが語素1つに相当する
ことが多い。

　中国語の複合語の語素の意味と語全体の意味（以下、語意）の関係は非常
に複雑である。語素の意味のことを語素義と呼ぶが、符淮青 (1985) は語素
義と語意の関係を以下の5種類に分類している。

（1）語素義が直接かつ完全に語意を表すもの。

　　　例：尘垢（ちりやあか）＝灰尘和污垢（ちりぼこりとあか）

　　　　　真诚（誠実である）＝真实诚恳（真心のこもった）

　　　　　哀伤（悲しい、心が痛むさま）＝悲哀（悲しい）、悲伤（悲しい、
　　　　　痛ましい）

（2）語素義が直接、部分的に語意を表すもの。

　　　例：平年（収穫が普通の年）＝农作物收成平常的年头（農作物の収穫
　　　　　が普通の年）

　　　　　反话（心の内とは逆の話）＝故意说出与自己思想相反的话（わ
　　　　　ざと自分の考えと反対のことを話すこと）

　　　　　刻毒（冷酷無慈悲である、残酷である）＝说话刻薄狠毒（話が酷
　　　　　薄で残酷である）

（3）語素義が間接的に語意を表すもの。語意は語素義の転義、比喩的
　　　意味であるもの。

　　　例：铁窗（監獄）＝安上铁栅的窗户，借指监狱（鉄格子の窓が取り

付けられていることから転じて監獄）

风雨（困難、苦労）＝风和雨，比喻艰难困苦（風と雨より困難や苦労の例え）

（4）語意を表す語素が部分的にもともとの意味を失っているもの。

例：船只（船、船舶）＝船（船）

反水（裏切る、気が変わる）＝叛变（裏切る）

（5）語素義は全く語意を表さないもの。

例：东西（もの、品物）

冬烘（見識が乏しい、時代遅れである）

朱湘燕・周健（2007）は複合語の中の語素義の複雑さに関して、次の5点を挙げている。

（1）語素義には古語の意味もあれば現代語の意味もある。

例：奔走（走りまわる）（古語の意味）／走路（歩く）（現代語の意味）

（2）語素義には語素本来の意味もあれば、派生的もしくは比喩的意味もある。

例：深度（深さ）（本来の意味）／深奥（難しい）（派生義）

（3）語素には多義性がある。

例：东方（東の方）／方形（四角形）／方面（方面、側）／平方（平方）／方言（方言）／大方（気前がいい）／方便（便利）

（4）語素の組みあわせと順番により意味が変わることがある。

例：地基（敷地）／基地（基地）

人工（人口の）／工人（労働者）

带领（引率する）／领带（ネクタイ）

（5）同形異音異義の語素がある。

例：长度 cháng dù（長さ）／长官 zhǎng guān（長官）

举行 jǔ xíng（行う）／行业 háng yè（職種）

发现 fā xiàn（発見）／理发 lǐ fà（散髪）
干净 gān jìng（清潔な）／干部 gàn bù（幹部、管理職の人）

　上述の語素義と語意の関係から、語意の透明性（semantic transparency）の概念は、現代中国語の研究にも取り入れられるようになり、主に語彙学における複合語の研究（李晋霞・李宇明 2008 など）や対外漢語教育学の研究（干红梅 2008 など）などで見られる。

　また、中国国内においては、語素を核として中国語の語彙を教えるという「語素教学法」と呼ばれる教授法を提唱する者もいる（吕文华 1999 など）。

2.3　中国語学習者の語彙学習に関する先行研究

　第 1 章では第二言語全般の学習者の語彙学習に関する先行研究をまとめた。本節では、中国語教育における語彙学習に関する先行研究を見ていきたい。

2.3.1　中国語学習者の付随的語彙学習

　中国語教育において、初めて付随的語彙学習の研究に着手したのは钱旭菁（2003）である。钱旭菁（2003）では中国語の学習歴が 1 年の日本人の学習者28名に対し、脳卒中予防に関する文章を読ませた上で、読解前、読解後、読解 4 週間後にそれぞれテストを行い、（1）付随的語彙学習は起こるのか（2）学習者の中国語のレベルは付随的語彙学習に影響するのか（3）学習者の語彙量が付随的語彙学習に影響するのか（4）文中での当該語の出現頻度は付随的語彙学習に影響するのか（5）文脈からの推測のしやすさは付随的語彙学習に影響するのか、以上について調査をした。その結果、遅延テストでは学習者の付随的語彙学習が見られ、学習者の語彙量は付随的語彙学習の結果に影響をしていた。この実験においては、学習者のレベルと未知語の意味推

測には相関性が見られたが、文脈と当該語の出現頻度は影響がないという結果になっている。

続いて朱勇・崔华山（2005）は異なる国籍の19名の中級以上の中国語学習者に対して、钱旭菁（2003）と全く同じ脳卒中予防に関する文章を用いて調査を行っている。その結果、習熟度の高い学生は付随的語彙学習の効果がより高いという結果が出た。さらにこの研究では、文中での当該語の位置や漢字も学習者に影響を与えるとしている。

次に钱旭菁（2005）のケーススタディでは、インタビュー形式で1名の日本人留学生に、読解の中で未知語の意味を推測させる調査を6度にわたって行っている。この調査では学習者が利用する既知の知識（L2言語知識、L1或いは中国語以外のL2言語知識、言語外知識）を分析し、語彙アクセス前（pre-lexical）から語彙アクセス後（post-lexical）への学習者の推測プロセスについて考察している。

孙晓明（2012）ではタスクの違いが付随的語彙学習に与える影響を調査している。調査では、学習歴が1年程度の様々な国籍の中国語学習者60名を4つのグループに分けて、読解後に異なる課題を与えた上で、後日、文中の語を問うテストを行った。4つのグループは次のように分けられた。（1）読解後に当該語を含まない内容理解に関する問題を解く。（2）読解後に当該語を含む内容理解に関する問題を解く。（3）読解前に文中の当該語に関するテストを後日行うことを伝えておく。（4）読解後に文中の当該語を練習する宿題を与える。その結果、テストの成績は、（2）＞（4）＞（3）＞（1）の順で、孙晓明はこの結果が関与負荷（involvement load）仮説と合致すると主張している。

吴门吉・陈令颖（2012）では東南アジアからの留学生5名を2グループに分け、意図的語彙学習と付随的語彙学習を比較する調査を行っている。調査の結果、語彙表を暗記させた意図的語彙学習のグループは、読解活動を行わせた付随的語彙学習のグループよりもテストの成績は高かった。しかしこのグループは、抽象的な語の意味はつかみきれていなかった。一方で付随的語

彙学習のグループは当該語を忘れてしまいやすく、テストの成績も低かったが、抽象的な語の意味をつかむことができており、語の産出においては意図的語彙学習のグループと比べ、より多様な文を作ることができていた。また付随的語彙学習のグループの方が学習への積極度も高かった。

2.3.2　中国語学習者の未知語の意味推測

次に中国語学習者の未知語の意味推測に関する先行研究を見ていきたい。中国語教育における未知語の意味推測に関する研究の多くは、推測の成功率や、推測に影響を与える要因などに着眼している。

劉頌浩（2001）は異なる国籍の中級中国語学習者に対し、読解クラスの期末テストの中で“发愁、即兴、正视”という3つの語の意味の推測をさせる実験を行った。その結果より（1）語構成（2）漢字の多義性（3）コンテクスト（4）学習者のL2言語レベルを、未知語の意味推測に影響を与える要因として挙げている。

郭胜春（2004）は非漢字圏の学習者26名に対して、二音節複合語のピンインと意味を記入させるテストを行った。出題した複合語は、まずその語構成から偏正式と述目式の2タイプを選び、これらをさらに語素義と語意の関係性に基づき、加工型と融合型に2分類した。ここでの加工型とは、複合語の2つの語素の意味を併せたものを意味し、偏正式では“死因（死因）”、述目式では“无声（無声の、消音の）”などが例に挙げられる。融合型は語素のもとの意味を残しつつも、他の成分を付け足したものを指し、偏正式では“情诗（男女間の愛情を詠んだ詩）”、述目式では“收车（運送の仕事が終わり、車を引き上げること）”がその例として挙げられる。この研究では、テストの結果より語の意味の誤推測を生む原因として、以下を挙げている。（1）字形。例：“水运（水運）”を“永远（永遠）”と間違えて捉えるなど。（2）語の内部構成。語構成を誤って捉えている解答例が少なからず見られた。また偏正式の正解率（30.2％）は述目式の正解率（19.0％）より高かった。（3）漢字の多義

性。(4) 学習者の経験や一般常識。(5) 語素が語意を表す程度、つまりは語意の透明性。加工型の語は融合型の語よりも正解率がかなり高かった。

朱湘燕・周健 (2007) は、学習歴が1年の異なる国籍のCSL学習者16名に対して調査を行った。これら16名の学習者は複合語の語構成から語を推測する方法を既に学んでおり、この調査では学習者に2つの文章を読ませた上で、2週間後に文章中の語の意味と語構成と品詞を書かせるテストを行っている。その結果より、語構成の把握は未知語の意味を推測するよりさらに難度が高く、学習者は語素義を理解した上で語構成を把握することができるようになるとしている。そして、未知語の意味推測には形声文字の意符、語の意味の透明性、複合語の語構成などが全て異なる形で影響を与えているとしている。さらに、学習者が未知語の意味推測に失敗する原因として以下を挙げている。(1) 語素の多義性により、異なる意味に推測している。(2) 語素義を識別できていない。このケースには、語素義の把握が充分でない場合と、語の意味が語素の派生的或いは比喩的意味である場合の2つのケースがある。(3) コンテクストの理解が正確でない。(4) 連想したL2の語が間違っている。(5) 文化的背景を理解していない。(6) 推測した意味をL2で正確に表現することができない。

干红梅 (2009) では、欧米の学習者30名と日韓の学習者30名、計60名のCSL学習者を調査対象として、中国語の語構成が語彙学習に影響を与えるかどうかを考察した。この調査では並列式と偏正式それぞれ10語ずつをテスト材料として抽出し、筆記テストの形式で、学習者に短文の中の当該語の意味と語構成を書かせた。また、同時にアンケート形式で学習者の語構成に対する意識調査も行った。これらの調査より干红梅は次のように分析している。(1) 語構成は語彙学習に影響を与える。偏正式は並列式よりも容易に習得できる。(2) 中級の学生でも初歩的な語構成の意識はある。(3) 語構成は語彙学習に影響を与えるが、語素ほどの影響力はない。(4) 語素の性質は学習者が語構成を判断する際に影響を与える。名詞性語素を含む語を学習者は偏正式と認識しがちである。また動詞性語素を含むものは述目式と認識し、形容

詞性語素のある語は並列式と認識する傾向にある。(5) 多くの学習者は語構成を知ることは語彙学習に役立つと考えている。しかし読解の中で実際に語構成を利用して語彙を学習することは少なく、実際には先に語の意味を推測してから、語構成を推測している。

　张江丽 (2010) は様々な国籍の40名の中級CSL学習者を対象に二音節複合語の意味の推測テストを行い、語素と語意の関係性が未知語の意味推測に与える影響について考察した。张江丽は符淮青 (1985) が分類した語素義と語意の関係 (1) 語素義が直接かつ完全に語意を表すもの (2) 語素義が直接、部分的に語意を表すもの (3) 語素義が間接的に語意を表すもの (4) 語意を表す語素が部分的にもともとの意味を失っているもの (5) 語素義は全く語意を表さないもの、以上の5分類に基づいて20の語を抽出し、テストを実施した。その結果、テストの平均点は (1) ＞ (4) ＞ (2) ＞ (5) ＞ (3) の順であった。この結果より、张江丽は語素と語意の関係が複雑であるほど推測の成功率は下がり、語素義が直接語の意味を表す場合は推測の成功率が上がるとした。また調査対象者の母語背景と性別が成績に与える影響についても併せて考察しており、その上で教学への提言も行っている。

　干红梅 (2012) では、日韓の学習者10名、欧米の学習者10名、計20名の中級中国語学習者に対して、テキスト読解後の口頭での報告を通して未知語の意味を推測させる調査を行っている。その結果、学習者が意味推測を行う際に使用した方法は、語素義から推測 (58.01%)、文脈から推測 (16.73%)、当該語を含む文を繰り返し読む (8.20%)、漢字の偏旁から推測 (6.14%)、品詞から推測 (1.31%)、語構成から推測 (1.05%) の順で使用頻度が高かった。またこれらを使用する際、多くの学生が、「語素→コンテクスト→当該語を含む文の意味→品詞→語構成→漢字の部首→その他」の順番で推測をしていたことがわかった。また干红梅はこれらの未知語推測プロセスから、中国語学習者の読解モデルに関しても考察した。多くの中国語学習者は、まず語素を利用してボトムアップモデル (bottom up model) より未知語を推測し、次にコンテクストからトップダウンモデル (top down model) によって推測してい

るケースが多く見られるとし、一部の習熟度の高い学習者は相互作用的モデル（interactive model）を用いることもあるとしている。さらには英語学習者と中国語学習者の推測プロセスの違いについても触れており、未知語の意味推測において中国語は英語と比べて語素が大きな影響を与えると述べている。

　吴门吉（2012）では、筆記テストと口頭での報告を通して学習者の読解力の発達プロセスを調査している。この研究で興味深いのは、欧米の学生と日韓の学生を比較して考察した結果、日本人の学習者は欧米のみならず韓国人の学習者と比較しても、読解の中で起こる未知語の意味推測に際して、語素を利用するストラテジーを非常に多く使用していることが明らかになった点である。またL1利用ストラテジーに関しても、日本人は突出して使用が多かった。これとは逆に、欧米や韓国の学習者と比べてコンテクストの利用は非常に少ないことがわかった。

　江新・房艳霞（2012）はMori（2003）の研究をベースに、中国の大学の学部2年に在籍する欧米人の学習者18名と日本人学習者18名、計36名のCSL学習者を対象に調査を行った。この調査では36の複合語を「語のみ」「文脈のみ（空欄に入る語を推測する）」「語＋文脈」という3つの条件に分けて、語の意味を推測するテストを行った。その結果以下のことがわかった。（1）文脈からの情報と語の構成要素からの情報を組みあわせて使うと、より良い推測ができる。この結果はMori（2003）とも一致している。（2）文脈と語の構成要素から推測することができる情報は異なる。文脈は統語的情報をより多く与えるのに対し、語の構成要素は語意情報をより多く与える。学習者は文脈からおおまかな語の意味を理解することができるが、具体的な語の意味や特徴を知ることはできない。語の構成要素は文脈からのみでは推しはかることができない情報を、ある程度補充することができる。（3）語構成は語の意味推測に影響を与える。偏正式の語は述目式の語よりも推測の成功率が高く、未知語の意味推測の効果が高い。（4）学習者のL1は未知語の意味推測に影響を与える。この調査で日本人の学習者は、3つのどの条件であっても欧米の学習者よりも未知語の意味推測の効果が高かった。

2.3.3　中国語学習者の語彙学習ストラテジー

　中国語教育においても、学習ストラテジーに関する研究は既に少なからず見られ、代表的なものには徐子亮（1999）や呉勇毅（2001, 2007）、江新（2002）などがあり、これらの先行研究でもOxford（1990）の分類に基づきSILLを用いて調査を行っている。しかし、これらは中国語学習全般に関するストラテジー研究であり、語彙学習に特化したストラテジー研究は今もって多くは見られない。

　その中で鄢胜涵（2007）は、Gu & Johnson（1996）のVLQをベースにして、北京に留学している初・中・上級の中国語学習者にアンケート調査を行っている。その結果、使用頻度が最も高い語彙学習ストラテジーは辞書ストラテジーで、使用頻度が最も低いストラテジーは記憶ストラテジーであった。また留学生全体では、中国語のレベルが上がるにつれて、多くのストラテジーをかけあわせて使用し、機械的な記憶ストラテジーの使用頻度は減っていくことがわかった。しかし日本人留学生に関しては、言語レベルによるストラテジーの差異は見られなかった。

　呉門吉（2008）は欧米・韓国・日本の初中級中国語学習者にアンケート形式で6段階尺度法による推測ストラテジー調査を行った。その結果、日本人中国語学習者は、コロケーション、語素利用、意符利用、L1利用、当該語に近い箇所の文脈利用、全体のコンテクスト利用など、多くのストラテジーの利用において、欧米および韓国の学習者より優勢で、初級の段階でもこれらのストラテジーを利用していることがわかった。しかし、トピックや全体のコンテクストなど全体の内容理解が関わるストラテジーは、各国学習者ともに利用度はそれほど高くはなく、高いL2レベルが求められることがわかった。

2.4 本書の位置づけ

　語彙習得研究の中でも、特に学習者の未知語の処理に関する研究は、英語教育における研究が先行している。しかし中国語は英語とは異なり、表意文字である漢字を使用しているため、学習者の語彙処理プロセスは英語学習者とは異なる可能性が高い。畑佐ほか（2012）においても「漢字圏学習者の推測ストラテジーについてはまだ研究が進んでおらず、漢字圏の学習者の場合、語彙処理がL1の語彙知識の影響を強く受けることから、推測の過程は英語学習者とは異なる可能性がある。したがって、漢字圏出身者の母語知識の影響を考慮に入れた語の意味推測研究も今後検討されるべきである」と指摘されている。畑佐ほか（2012）による指摘のように、日常で漢字を使用している日本語を母語とする中国語学習者は、英語学習者や、非漢字圏の中国語学習者と語彙処理の過程が異なり、L1の影響を強く受けることが予想される。吴门吉（2012）による研究でも、日本人は欧米の学習者だけでなく、同じく漢字圏学習者と見なされる韓国人の学習者と比較しても、突出してL1利用ストラテジーの使用が多いことが報告されている。

　しかしながら、これまでの中国語教育における語彙習得研究は、主に中国国内のCSL学習者を調査対象としているため、多くの研究は多様な国の学習者を調査対象としている。これまでの先行研究でも、調査対象者に日本人を含む研究は決して少なくないが（钱旭菁 2003, 2005；高立群・黎静 2005；干红梅 2009, 2012；吴门吉 2012；江新・房艳霞 2012など）、調査者が学習者の母語を充分に理解していないこともあり、学習者の母語が具体的にどの程度、どのように影響しているのかまでは分析されていない。

　また中国語学習者の語彙学習ストラテジーに関する先行研究も、上記の鄢胜涵（2007）および吴门吉（2008）の研究はともにCSL学習者を調査対象としている。しかし外国語として中国語を学ぶCFL（Chinese as a Foreign Language）環境下では、CSLとは条件が全く異なり、学習者が使用するストラテジーも大きく異なるであろうことは容易に想像ができる。

以上のことより、本書ではCFL環境下の日本語をL1とする中国語学習者を研究対象とし、学習者が新しい語に出会った時に、どのように語彙を処理して、何を頼りに語彙知識を獲得し、どのように習得していくのか、特に、これまでの先行研究では詳しくは調査されていない、学習者の母語の影響、日本語をL1とする中国語学習者に漢字がどのように影響するのかについて調査を行い、より良い語彙学習のあり方について考えたい。

【注】

[1] 王占華ほか（2006）での日本語による解説を参考に筆者が訳している。
[2] 形態素のことを中国語学の世界では語素と呼ぶ。詳細は2.2を参照されたい。
[3] 王占華ほか（2006）での日本語による解説を参考に筆者が訳している。

第3章　短文の中での学習者の語彙習得

　中国語教育における、未知語の意味推測に関する研究は第2章でまとめているが、先行研究は主にCSL学習者を調査対象としており、学習者の国籍は多様で、学習者の母語背景や母語の影響は充分には考慮されていなかった。

　本章では日本語母語の学習者が未知の語に出会った際に何を考え、何を手がかりに、どのように語彙処理をし、その意味を理解するのか、或いは理解に失敗するのかを短文を用いて調査を行う。調査を通して、学習者に母語がどのように影響するのか、そして学習者間の差異に関しても併せて考察していきたい。

3.1　調査目的

この章では主に、以下を明らかにすることを目的とする。

（1）日本語を母語とする中国語学習者は、何を手がかりにどのように初めて出会った未知の語を処理するのか。
（2）未知語の意味を推測する場合、どのような手がかりが有効的であるのか。
（3）未知語の意味推測に失敗する場合、その原因は何なのか。
（4）学習期間、成績上位群・下位群の間で差異が見られるのか。

3.2　調査内容

3.2.1　語彙テスト

　某国立大学の外国語学部中国語専攻に在籍する1年生40名（中国語学習期間10ヶ月）、2年生37名（学習期間1年10ヶ月）、3・4年生37名（学習期間それぞれ2年10ヶ月と3年10ヶ月）、計114名の学生に文中の語の意味を推測するテストに参加してもらった。テスト時間は15分とし、出題の際には、1年生でも読めるように短文を使用して、極力文脈から特定の解釈を導くことのない文（nondirective contexts）を設定した。その上で、中国語で書かれた文の中の下線部の語に関して「この単語を知っていたかどうか」「単語の意味」「何故そのような意味だと思ったのか」の3点を質問した。なお、下線部以外の文中の語句は、1年生にもわかりやすいような比較的簡単なものを選ぶようにした。

　出題するテスト材料として以下の2つの条件を満たす語を選んだ。

①各クラス担当教員が授業で教えたことがない語。
②日中同形の（もしくは非常に近い）漢字2字から成る二音節複合語。[1]

　よって、調査対象者は出題された語の意味は知らないが、語を構成する語素の意味はわかる可能性がある。[2]テスト終了後には、学生が記入した単語の意味を「完全に正解＝3点」「おおむね正解＝2点」「部分的に正解＝1点」「完全に不正解、未記入＝0点」として採点を行った。[3]テストの結果、調査協力者のうち2年生1名と3年生1名の計2名の学生は出題語のうち半数以上[4]の語について「知っている」を選択し、なおかつ語の意味も正答であったため、調査対象からは排除し、残りの112名の学生を調査対象者とした。

　具体的な出題文は下記の9題である。下線部の語はそれぞれa. "差遣"が同義語素並列式、b. "出入"は反義語素並列式、c. "眉目"は関連語素並

列式、d. "川剧"は連体修飾式（N＋N型）、e. "凉席"は連体修飾式（A＋N型）、f. "伴郎"は連体修飾式（V＋N型）、g. "持平"とh. "推翻"が述補式、i. "安分"が述目式と、異なる語構成の単語を出題している。許敏（2003）の統計によると主述式は複合語全体の0.75%にすぎないため、本調査での出題語からは排除した。なお、実際のテストには日本語訳はつけず、出題の順番も入れ換えている。

---

a. 他总是**差遣**我，真没办法。

（彼はいつも私を<u>使い</u>にやらせる。全く本当にしょうがないな）

b. 这个结果和现实情况**出入**不大。

（この結果と現実の状況には大きな<u>差異</u>はない）

c. 那件事还没有一点儿**眉目**。

（あの一件はまだ何も<u>手がかり</u>がつかめていない）

d. 听说**川剧**很难懂，我很有兴趣。

（<u>川劇（四川の劇）</u>を理解するのはなかなか難しいらしいですね。とても興味があります）

e. 这**凉席**真不错，我向你推荐。

（この<u>ゴザ</u>はなかなかいいですよ。おすすめです）

f. 我下个月要做小李的**伴郎**。

（私は来月小李の<u>アッシャー（花婿の付添人）</u>を務めなければならない）

g. 我们公司的产量在这四年基本**持平**。

（我が社の生産高はここ4年間<u>横ばい</u>である）

h. 他是怎么**推翻**他的论述的呢？

（彼はどうしてまた自分の論述を<u>覆した</u>んだ？）

i. 他结婚之后**安分**多了。

（彼は結婚して随分と<u>分をわきまえる</u>ようになった）

31

3.2.2 フォローアップインタビュー

上述の調査対象者112名のうち、1年生（インタビュー時は2年生であったため、以下「2年生」とする）のテスト成績上位者5名、2年生（同様に以下「3年生」[5]）の成績上位者5名と成績下位者5名、計15名を抽出し、各学生にフォローアップインタビューを行った。ここでは回顧法を用いて、学生がどのような手がかりを利用してどのような過程で語の意味を推測したのかを調査した。2年生と3年生成績上位群を比較することで学習期間に応じて変化が現れるかどうかを考察し、3年生の成績上位群と下位群の比較によって成績が異なる学習者間でどのような差異が見られるかを考察するため、上記のような調査対象者を選出している。なお、本調査では2年生の成績上位群5名の学生をそれぞれ2A、2B、2C、2D、2E、3年生の上位群5名を3A、3B、3C、3D、3E、3年生の下位群5名を3f、3g、3h、3i、3jと記号化し、仮名にしている。インタビュー時間は1人あたり1時間から1時間半程度で、インタビュー内容は学生の了解を得た上でICレコーダーを使って録音し、文字化した後に分析を行った。

3.3 語彙テスト結果

表2は語彙テストの結果、各語の平均点と標準偏差を表したものである。学年が上がるにしたがって、平均点も上がっていく傾向にあることがわかる。しかし同じ語構成であっても、出題語によって平均点には大きな差があることが表2よりわかる。それでは何故このように語によって得点差が表れるのだろうか。以下では、学習者が何を手がかりとして未知語の知識を獲得しているのかを考察していきたい。

第3章　短文の中での学習者の語彙習得

表2　語彙テストの平均点と標準偏差

	並列式			連体修飾式			述補式		述目式
	差遣 (同義)	出入 (反義)	眉目 (関連)	川劇 (N+N)	涼席 (A+N)	伴郎 (V+N)	持平	推翻	安分
1年生	0.48 (0.85)	1.48 (1.28)	0.55 (1.04)	0.67 (1.08)	0.48 (0.68)	1.00 (0.91)	2.40 (0.96)	0.20 (0.72)	0.43 (0.64)
2年生	0.61 (1.10)	2.33 (1.15)	1.06 (1.33)	1.06 (0.98)	1.03 (0.89)	1.49 (0.74)	2.69 (0.71)	0.57 (1.01)	0.92 (0.94)
3／4年生	0.75 (1.16)	2.53 (0.93)	0.81 (1.17)	2.03 (1.15)	1.17 (0.94)	1.59 (0.66)	2.85 (0.36)	1.29 (1.37)	1.00 (0.96)
全体	0.61 (1.03)	2.08 (1.22)	0.79 (1.19)	1.21 (1.21)	0.87 (0.89)	1.34 (0.82)	2.64 (0.75)	0.64 (1.12)	0.77 (0.88)

3.4　学習者の知識源

　学習者は何を手がかりに未知語の語彙知識を獲得するのだろうか。学習者が未知語の意味を推測する際に使用する手がかりは、知識源（knowledge resource）と呼ばれ、その最も代表的な研究はNassaji（2003）によるものである。Nassaji（2003）はESL（English as a Second Language）学習者21名を対象とした調査によって、学習者が未知語の意味推測をする際に使用する手がかりを（1）文法知識（grammatical knowledge）（2）談話知識（discourse knowledge）（3）形態的知識（morphological knowledge）（4）L1知識（L1 knowledge）（5）世界知識（world knowledge）の5種類の知識源として分類した。下の表3〜表11は、フォローアップインタビューでの学生の発話内容から、彼らが何を頼りに未知語の意味を推測したのかがうかがい知れる例である。以下ではNassaji（2003）の分類をベースにして、日本語を母語とするCFL学習者が未知語の意味推測において手がかりとしたものを9つに分類している。

3.4.1　文法・統語

　Nassaji（2003）の文法知識の定義に基づき、未知語が含まれる文の中で共起する他の語の文法機能や統語範疇に関する知識を指す。表3の1～3では、学生が意味を推測する際に未知語の前後の共起表現から品詞を考慮し、4および5では文法機能を考えていることがわかる。

表3　文法・統語

番号	学生	当該語	学生の解答	発話内容[6]	正誤[7]
1	2A	眉目	目撃者	【没有一点儿（少しも～がない）】ときたから後ろは名詞かなと思った。	
2	3B	伴郎	付き添い	品詞は何が入るかも考えた。【的（～の）】があるから名詞だなと考えた。	○
3	3C	推翻	推敲する	【論述（論述）】というワードから、これを何かするという動詞と考えて、あてはまりそうな動詞を考えた。	
4	3D	安分	おだやか	【多了（ずっと～になった）】はたぶん何かが増えたのではなくて、【安分多了】で、性格上前よりそうなった。性格上のものとなると【安分】の【安】を見て、穏やかとした。	
5	3j	眉目	おかしなところ	私の中で【有点儿（少し）】はわりとマイナスの時に使って、【一点儿（少し）】はプラスの時に使うイメージがあって、ってことは、たぶんこれはプラスの意味で使いたかったってことなのかな。	

3.4.2　文脈

　Nassaji（2003）の分類における談話知識とは、未知語が含まれている1文を超えたもっと広範囲の文脈を知識源としていることを表すが、本調査ではテストに短文を使用したため、本章では文脈（context）知識として分類している。

第3章　短文の中での学習者の語彙習得

表4　文脈

番号	学生	当該語	学生の解答	発話内容	正誤
6	3A	出入	違い	文脈で「この結果と現実の状況は【出入】が大きくない」なので比較と思って「違い」にした。この人は調査か何かやっていて、自分の立てた仮説と現実の状況がほぼ似てた。「何かがあまり大きくない」なので、主に文脈で「違い」。	○
7	3f	差遣	頼る	【真没办法（全くどうしようもない）】やから、これはなんとなく「あいつはいっつも私に頼って本当に仕方ない奴だな」みたいな文かなと思って、大体文章の意味から考えた。【总是（いつも）】がなんかすごい嫌味なかんじなんかなと思った。「いっつもあいつは」みたいなかんじかなと。文を見て情景が浮かんで、後付けで、漢字でいけそうかなと考えた。【总是】と【真没办法】やから、怒ってんのかっていう風に見えたから、これはあんまり漢字を考えていない。	
8	3j	持平	（レベルを）維持している	見た時に「私たちの会社の生産量はこの4年で基本的に……」だから述語かなと思って、「生産量」だから、多いとか、少ないとか、質がいいとか、減ったとか……そういうことかなと考えて。で、なおかつ「4年間」ってことやから、長い期間……瞬間的なものじゃないなと思って。私の会社の生産量が、例えば「爆発した」とかそういう風には普通だとならないだろうなと思って、一般的になるであろう結論を自分で並べた結果、「維持している」みたいなかんじなのかなと思った。漢字のイメージを考える前に、文章からある程度何が入りそうなのかを考えて、漢字を見て、これがしっくりきそうかなというのを考えた。	○

3.4.3　漢字のイメージ

Nassaji（2003）の形態的知識とは、未知語を構成する形態素が手がかりとなっているものである。中国語で使用する漢字は表意文字であるため、おおむね漢字1字が1つの形態素＝語素に該当する。

今回テストで出題した語は、日中同形の漢字2字によって成り立つ二音節

35

複合語である。そのため、学生がもともと持っている漢字そのものの知識やイメージを利用して、出題語の中の漢字から意味を推測しているケースが見られた。ここで述べている漢字のイメージとは、L2学習を通して身につけた知識だけでなく、L1の日本語の漢字の知識も多く含まれている。

表5　漢字のイメージ

番号	学生	当該語	学生の解答	発話内容	正誤
9	2A	差遣	いじめる	「差」という字で、彼と私の「差」というイメージで、自分が全然何もする術がなくて話者は困っている。そう考えると、彼が上で自分が下みたいな、この「差」によって話者が困っているということなのかと思った。その「差」を日本語でどう表すかとなったら「いじめる」というかんじ。	
10	3D	眉目	手がかり	「目」から「ひらめき」「注目点」みたいなイメージ。漢字も考えているのは考えている。「目」だから見えるものからのイメージでぼんやり……。「眉」は無視。「目」のあたり。中国語なので漢字も何かしら意味があると思って、考えてはいる。	○
11	3E	持平	ずっと保っている	「平」という字があるから、まっすぐなかんじ？　それを「持つ」だから「保ってる」なのかなと。	○
12	3h	出入	違い	「出」と「入」という反対の意味の漢字から連想。字面というか、字の意味を考えていった時に「反対」。「出る」と「入る」って反対の意味だから。2つの字が相反する意味だから。差が出るみたいなかんじ。「出」と「入」は1個1個独立して反対の意味。	○

3.4.4　L2語彙連想

　表6は当該語を構成する漢字から、既知のL2の語を連想し、連想した語から未知語の意味を推測しているケースである。14のように漢字1字のみから連想しているケースもあれば、13、15、16のように、2字の漢字からそれぞれ異なる2つの語を連想し、それらを組みあわせて解答しているものもある。

第3章　短文の中での学習者の語彙習得

表6　L2語彙連想

番号	学生	当該語	学生の解答	発話内容	正誤
13	3B	川劇	四川の劇	【川菜（四川料理）】と同じ法則で「川」＝「四川」だと思った。「川」は【川菜】を考えて「劇」は【京劇（京劇）】を考えた。	○
14	3D	伴郎	結婚式の付添い人	【伴】は【伙伴（連れ）】の【伴】で一緒にいてる人みたいなかんじで併せてこの意味にいきついた。【伴】は日本語より先に【伙伴】の【伴】が思いついた。	○
15	3D	涼席	竹などでできたマット	「涼」は中国語で【涼快（涼しい）】とかがぱっと思いついた。「席」は（中国語では）あまり使わないけど、【席子（むしろ）】って言いますよね？　日本語でなくて【席子】が思いついた。【席子】は下に敷くものだから、冷たいといったら竹かな……と。	○
16	3h	持平	維持している	中国語の単語が思いついた。この時はまず字だけ見てわからなくて、文脈を見て【保持（保つ、保持する）】と【水平（レベル）】って出てきた。	○

3.4.5　L1語彙連想

Nassaji（2003）のL1知識の定義を見ると「L1における類似した語を手がかりとする」とあり、例では学習者がL1で見たことがあると述べている様子や綴りから別の語を連想している様子が見てとれる。表7は表6とは異なり、当該語を構成する漢字からL1の語を連想し、L1の語彙知識を利用して推測しているケースの例である。日常でも漢字を使用している日本語を母語とする中国語学習者にとっては、L1の語は容易に連想できることが考えられる。

表7　L1語彙連想

番号	学生	当該語	学生の解答	発話内容	正誤
17	2D	持平	平行に推移している	文脈と漢字の雰囲気で「平行」に「持っている」なのかなと。あまり変わっていないという意味なのかなと。	○

18	3B	差遣	おつかい させる	これは後ろの漢字が「遣わせる」みたいな、「遣唐使」とかの「遣」のイメージが強かったので。	○
19	3g	伴郎	夫	この漢字（"伴"を指す）が入っていたから夫とか、親しい……夫とかそういう意味かなと思って。「伴」を見て「伴侶」が思いついた。それは<u>日本語で思いついた</u>。「郎」の字で男の人かなと思って。「郎」も考えている。<u>日本人の男の人の名前で「太郎」とか、人の名前でこの漢字が使われていることが多いから</u>。「太郎」というのは考えた。	
20	3j	推翻	反対意見を おし通す	【推】は「推す」という意味があって、【翻】これは<u>日本語でたぶん「くつがえす」みたいな訓読みがあって</u>、「おしてくつがえすんか」と思って、「いつも彼の論述を無理やり押し通す」みたいなイメージで考えた。	

3.4.6　語構成

　今回の調査で出題しているのは、それぞれ語構成が異なる単語である。テスト当時、どの学生も語構成に関して授業で習ったことはなかったが、表8からは学生が2つの漢字の結合関係を考えて未知語の意味を推測していることがわかる。

表8　語構成

番号	学生	当該語	学生の解答	発話内容	正誤
21	3A	出入	差異	「出」と「入」で対になるなとは考えている。	○
22	3D	川劇	古代の演 劇の一種	これをやる場所として考えた。【話劇（現代劇）】とか前が何かを説明する。「なんちゃらの劇」という考え方。	
23	3f	持平	変わらない	2つの字の関係性を考えているのかな。VO？これ（"平"を指差す）を保つやから、これ（"平"）が目的語で、これ（"持"を指差す）が動詞なのかなというのを考えてるかな。	○
24	3i	涼席	休憩室	「涼む」が「席」を修飾してると思ってた。	

3.4.7　L2常識

　表9は、中国語に関連するその他の知識を利用したものである。25、26の学生2B、3Eはともに中国語では川のことを一般的には"川"ではなく"河"と表現することを手がかりとしている。また25の学生2Bは中国では四川省のことを"川"と略すこと、26の学生3Eは、中国語は二音節を好むという知識も併せて利用している。

表9　L2常識

番号	学生	当該語	学生の解答	発話内容	正誤
25	2B	川劇	四川の劇	「四川」はよく「川」と略される。『チャイニーズプライマー[8]』で【劇】が出てきて「劇」のことかなと。「川」とは思わなかった。それだったら「さんずい」の「河」のはず。	○
26	3E	川劇	演劇の種類の1つ	中国語は2文字が好き。だからどうなんかな……と思って、2文字でセットになってるのは【川菜】が思いついて、だから四川と関係があるのかなと思いつつ、そういう種類の1個なんかなと思った。普通の川とは思わなかった。川は「川」でなく「河」が多い。	○

3.4.8　一般常識

　表10はNassaji（2003）の世界知識に該当し、学習者が理解している文の内容や話題に関する背景知識を指す。

表10　一般常識

番号	学生	当該語	学生の解答	発話内容	正誤
27	2D	伴郎	仲人	つきそい関係で、来月の予定として決まっているほど重要なことかと考えると、仲人しか思いつかなかった。	
28	3A	安分	落ち着いている	よく結婚したら落ち着くと言いますし。結婚したら落ち着くと聞いたことあった。	○

3.4.9　個人の体験

　表11は学生が、当該語にまつわる自身の体験を手がかりとして、未知語の意味推測に利用しているケースである。

表11　個人の体験

番号	学生	当該語	学生の解答	発話内容	正誤
29	3D	涼席	竹などでできたマット	ひんやりしている、すだれみたいなのがぱっと思い浮かんで。夏になるとお母さんが座布団をひんやりした竹の素材のに変えるから。ベッドの上にも竹のひんやりしたやつを敷く。	○
30	3h	出入	違い	どこかで見たことあるような気もする。台湾のドラマとか結構見るけど、こんなかんじの表現を見たことがある気がする。中国とか台湾とか下に字幕が出るから、それで見たことあるようなないような。	○

3.4.10　学習者の知識源まとめ

　上記より、本調査で見られた知識源は（1）文法・統語（2）文脈（3）漢字のイメージ（4）L2語彙連想（5）L1語彙連想（6）語構成（7）L2常識（8）一般常識（9）個人の体験、と9分類することができる。Fraser（1999）および钱旭菁（2005）は、学習者が未知語の意味推測を行う際の語彙処理には「語の同定（word identification）」と「意味の創出（sense creation）」の2種類があるとしている。「語の同定」とは、語の形態素から学習者の心内辞書（mental lexicon）の中にあるL1やL2の既知の関連語が活性化される、瞬間的かつ自動的なプロセスである。上記の未知語の意味推測における手がかりの中では（3）漢字のイメージ（4）L2語彙連想（5）L1語彙連想が「語の同定」に相当すると考えることができる。一方「意味の創出」とは、文の意味解釈や統語分析など、テキストの中の手がかりを分析することによって意味を導き出す意図的なプロセスである。本調査で学生が（1）文法・統語（2）

文脈（6）語構成（7）L2常識（8）一般常識（9）個人の体験から推測していた例はこれに相当すると考えられる。

　以上より、（1）から（9）までの学習者の手がかりをまとめると図1のように表すことができる。まず学習者の語彙処理は「語の同定」と「意味の創出」に分けられ、その際に学習者が利用する知識源は言語内の知識と言語外の知識に分けられる。また（3）漢字のイメージ（4）L2語彙連想（5）L1語彙連想はどれも語素を利用したものであり、語素の下位分類に位置づけることができる。つまり、上記9つの分類のうち（3）から（5）までは語素つまり漢字の知識を利用して推測しており、これは日本語を母語とする中国語学習者ならではの推測プロセスであるとも言える。

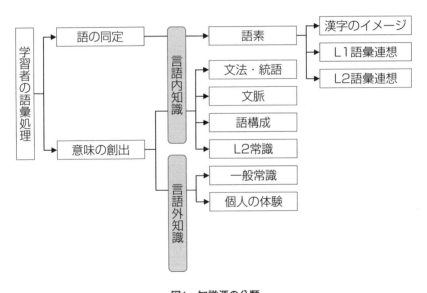

図1　知識源の分類

3.5　知識源の使用頻度

　3.4では、学生の発話内容から、未知語の意味推測における学習者の知識

源にはどのようなものがあるのかを見てきた。次に、それぞれの知識源の使用頻度と学習者間の差異について考えていきたい。

　以下の表12は、それぞれの知識源の使用頻度を表したものである。この表では、グループごとに、学生1人あたりがそれぞれの知識源を使用した回数の平均値と標準偏差を算出している。[9] 表12を見ると、どのグループでも最も多く利用しているのはL1語彙連想で、9題の問題の中で7〜8回と高い頻度で使用されている。[10] L1語彙連想の使用率は2年生成績上位群で34.95%、3年生成績上位群で27.78%、3年生成績下位群が32.80%と、Nassaji（2003）の研究でL1知識の使用率が6.7%でNassajiの5種の知識源の中で最も使用率が低かったことと比較すると、日本語を母語とするCFL学習者はL1語彙連想の使用率が際立って高いことがよくわかる。これは、L1とL2のどちらにおいても漢字を使用する学習者にとって、L1による語彙連想が容易であることが大きな理由であると考えられる。

　L1語彙連想に次いで頻度の高い文脈と漢字のイメージは、3グループ間で大きな数値の差は見られないが、L2語彙連想の使用頻度はグループ間で差異が見られる。学習期間が長くなるとそれだけL2の語彙量が増えるため、2年生より3年生の方が使用頻度が高いのは当然の結果なのだが、同期間同じ授業を受けているはずの3年生成績上位群と下位群においても差が見られるのは注目したい点である。L2語彙連想の使用頻度は3年生成績上位群が成績下位群よりも高いが、L1語彙連想の使用頻度は若干ではあるが成績下位群の方が高くなっている。つまり、同じ語もしくは漢字を見た時に、成績上位者は成績下位者と比べて既習のL2語彙を連想することが多いが、成績下位者はL1の知識に頼りがちであるということを示唆している。

　文法・統語に関しても、3年生成績上位群は他グループよりも使用頻度が高く、3年生成績下位群は若干ではあるが、2年生成績上位群よりも使用頻度が低い。また3年生成績上位群は、L1語彙連想、文脈、漢字のイメージだけでなく、文法・統語など他の知識源も、全体的に幅広く組みあわせて使用していることがわかる。

第3章　短文の中での学習者の語彙習得

　知識源総使用数を見ると、3年生成績上位群、3年生成績下位群、2年生成績上位群の順で知識源の使用数が多い。学習期間が長くなると知識源をより多く使用するようになり、そして学習期間が同じ場合には、知識源を多く使用する方が、未知語の意味推測に成功しやすいことがわかる。

表12　知識源の使用頻度

知識源	2年生上位群		3年生上位群		3年生下位群	
	M	SD	M	SD	M	SD
文法・統語	1.60	(1.82)	3.20	(2.17)	1.40	(1.95)
文脈	6.40	(2.07)	6.40	(1.14)	7.40	(1.67)
漢字のイメージ	3.20	(2.05)	3.60	(1.82)	3.60	(1.67)
L2語彙連想	0.40	(0.55)	3.20	(1.64)	1.20	(0.45)
L1語彙連想	7.20	(1.10)	8.00	(2.55)	8.20	(1.48)
語構成	1.40	(0.89)	2.20	(0.45)	2.80	(1.30)
L2常識	0.20	(0.45)	0.80	(0.84)	0.00	(0.00)
一般常識	0.20	(0.45)	1.00	(0.71)	0.00	(0.00)
個人の体験	0.00	(0.00)	0.40	(0.89)	0.40	(0.89)
知識源総使用数	20.60	(5.59)	28.80	(2.28)	25.00	(4.90)

3.6　知識源の有効性

　それでは、未知語の意味推測において、どのような知識源がより有効性が高いのだろうか。図2はグループごとに各知識源の総使用数と成功数および成功率をグラフにしたものである。ここではテストで正答であった当該語[11]に使用された知識源を、推測に成功したものと見なし、成功数として数えている。

　図2を見ると、3年生成績上位群は、L2語彙連想が87.50％と最も成功率が高い。しかし成績下位群では、L2語彙連想の成功率は33.33％とあまり高くはない。次にL1語彙連想の成功率を見ると、2年生成績上位群で41.67％、3年生成績上位群では65.00％と、Nassaji（2003）でL1知識は成功率が最も低

43

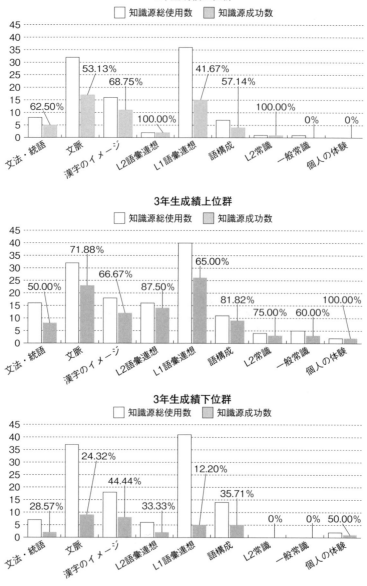

図2　知識源の使用数・成功数・成功率

かった（14.30％）ことと比べると、成功率は決して低くはない。L1である日本語の知識も、L2の中国語語彙を学習する上で、場合によっては役に立つということがわかる。しかし3年生成績下位群では、L1語彙連想の総使用数が全グループの中で最も多いにも関わらず、その成功率は12.20％と著しく低く、決して有効的であるとは言えない。このことからも、L1知識のみに安易に頼ることは、決して推奨されるわけではないこともわかる。

　表12の知識源の使用頻度と併せて考察すると、3年生成績上位群はどの知識源もおおむね成功率が高いことから、複数の知識源をかけあわせて使用すると、推測の成功率はより上がるという可能性が考えられる。以下、表13と表14は、3年生成績上位群の学生と3年生成績下位群の学生の推測プロセスの違いを比較したものである。表13の31と32では、どちらも"川劇"という単語の意味を推測している。31で3年生成績上位群の学生3EはL2語彙連想、L1語彙連想、L2常識、語構成と複数の知識源をかけあわせて推測していることがわかる。また、語の意味を推測するための情報を得ることはできなかったが、文脈に関しても考慮はしている。一方32で3年生成績下位群の学生3gは、L1語彙連想と文脈の2種の知識源を使用しているだけである。そしてこの2種の知識源のうち、文脈に関しては「～を理解するのは難しいらしい」という正確な意味を把握できておらず、知識源を活かすことができていない。学生3Eは"川劇"を構成する"川"と"劇"それぞれ2つの語素の意味を分析しているが、学生3gが考慮しているのは"川"のみである。また、この2人の学生は学習期間が変わらず、これまで同じ授業を受けてきたはずなのだが、"川"の字を見て学生3EはL2の語を連想し、学生3gはL1の語を連想している。これは3.5での「同じ語もしくは漢字を見た時に、成績上位者は成績下位者と比べて既習のL2語を連想することが多いが、成績下位者はL1の知識に頼りがちである」という考察と合致している。また図2でL2語彙連想の方がL1語彙連想よりも成功率が高かった点とも合致している。

表13　成績上位者と下位者の推測プロセス"川劇"

番号	学生	当該語	学生の解答	発話内容
31	3E	川劇	演劇の種類の1つ	これは先に単語を見た。で、聞いたことないなと思って一応文を読んだけれど、この文から何も単語を判断できなくて 文脈（失敗） 、何でもいけるなと思って、「川」を見てそういえば四川料理を【川菜】 L2語彙連想 とか言うなと思って四川が関係するんかと思って、劇かなと思って、「演劇」 L1語彙連想 の種類の1つかと思った。「四川」は一瞬考えた。【川】は中国語で考えた。普通の川とは思わなかった。中国語は2文字が好き L2常識 。川は「川」でなく「河」が多い L2常識 。だからどうなんかなと思って、2文字でセットになってるのは【川菜】が思いついて、だから四川と関係があるのかなと思いつつ、そういう種類の1個なんかなと思った。「川」が「劇」にかかっているのは無意識。（　中略　）【劇】は【京劇（京劇）】とか【電視劇（テレビドラマ）】とかと同じで【劇】が後ろにつくなとは考えた 語構成 。
32	3g	川劇	ボート	最初にぱっと見た時に「川」の方が目に入って、川に関係するもので L1語彙連想 、これは文章を読んで「ボート」というのを入れてもなんとなく文脈的につながるかなと思って 文脈（失敗） 、最初の川の印象で文脈にあうボートにした。 （筆者：この文を訳してみてもらえますか？） 「ボートは難しいらしいけど、興味がある」 最初に単語見てから、後で文章見た。【劇】の字は考えなかった。ぱっと見た時に「川」で頭がいっぱいになってしまっていたからだと思う。

　次に、表14はどちらも"出入"の推測プロセスである。表13の学生3Eとは異なり、表14の33で3年生成績上位群の学生3Dは、L2語彙を連想していない。しかし学生3Dは、L1語彙連想、文脈、語構成、漢字のイメージと、やはり複数の知識源をかけあわせている。33の発話内容から、学生3Dは最初に思い浮かんだL1の語だけでなく、他の知識源からの情報も併せて解答を導き出していることがわかる。一方、34で成績下位群の学生3gはL1語彙連想のみに頼っていることがわかる。3.4.10で述べた「語の同定」による瞬間的な語彙処理だけで判断し、文やその他の情報と照らしあわせて分析する「意味の創出」のプロセスを踏んでいない。

第3章　短文の中での学習者の語彙習得

　これらの例からも、L1語彙連想よりもL2語彙連想の方が有効性は高いが、L1語彙の知識も他の複数の知識源とかけあわせることで有効性が高まるということがわかる。日本語を母語とする学習者が漢字知識を利用する（「語の同定」）場合、文やその他の情報と照らしあわせるというプロセス（「意味の創出」）を踏むことで、既知の知識を活かし、より正確な答えを導きやすくなるということもわかる。

表14　成績上位者と下位者の推測プロセス"出入"

番号	学生	当該語	学生の解答	発話内容
33	3D	出入	違い	単語だけだと「出入り」L1語彙連想と思うけど、これは文章全部読んでる。結果と現実だから、【不大】「大きくない」ってなったら、結果と現実何が大きくないとなったら、「ギャップ」とか「違い」とか「差」となると思う文脈。漢字を考えても「出入」だから「出」と「入」で反対の漢字だし語構成、「差」を意味するのに違和感がないかなと感じた。「出」と「入」で間の距離感漢字のイメージで「違い」みたいな。漢字の意味も考えている。先に漢字を見て、わからんわとなって、全体を読んでまず入りそうな意味がなんとなく思い浮かんだら、こっちの漢字を見て入れてもいけそうだなと思ったらそれでいくという思考回路。他の単語もそう。
34	3g	出入	出入[12]	日本語と同じ意味だと思ったから「出入り」L1語彙連想。 （筆者：それでは、この文を訳してみてもらえますか？） 「この結果と現実の……」え〜、なんだろ？「この結果は現実の状況と出入りが大きくない」……全然意味通じてないですね。 その当時は文脈にあうかというのは考えなかった。完全に漢字だけ見て日本語と同じと思った。漢字見た後に文脈もたぶん一応見ているけれど、意味わからなくて、わからないから、最初にぱっと浮かんだ日本語と同じ意味にしとこうと思って書いたと思う。

47

3.7 未知語の意味推測の失敗

3.7.1 未知語の意味推測に失敗する原因

　次に、学習者が未知語の意味推測に失敗する場合、何が原因となるのかを考えていきたい。表15～表23では、誤答だった問題に関して、学習者がどのように考え、何故推測を誤ったのかを分析している。なお以下9つの原因は単独で誤推測を引き起こしたケースもあれば、下記のいくつかの原因を併せて推測を誤っているケースもある。

3.7.1.1 文脈理解の失敗
　表15は学生が当該語を含む文を誤って理解していたため、誤答だったケースである。

　35と37は、本来は「話者が聞き手に対して当該語をすすめている」という文なのだが、35の学生2Cは「聞き手が当該語に相応しい」と解釈している。37の学生3jは"不錯（良い）"というフレーズの中の"錯（間違えている）"の字だけを見て解釈を誤り、「～に対して」という意味である介詞の"向"を「向こう」と解釈しているため、「席」という誤答を導いている。

　36では、「来月～をしなければならない」という文脈がわかっていれば「保護者」という解答が出てくることはないはずだが、学生3iは文脈理解に失敗して解答を誤っている。

表15　文脈理解の失敗

番号	学生	当該語	学生の解答	発話内容
35	2C	涼席	首席	私があなたを間違いなく「涼席」に相応しいと考えている文脈から。
36	3i	伴郎	保護者	「小李の保護者として一緒についていく」という意味なのかなと漢字から推測。

番号	学生	当該語	学生の解答	発話内容
37	3j	涼席	席	「このなんかの席は間違っている、私はあなたに向こうをすすめる」なんやろうな、と思って。（　中略　）あっ！　そうか、何？　あ、【不错】！　ちょっと待ってください。「この涼しい席はいいので、私はあなたにこれをすすめています」（言いなおす）。最初【错】を考えすぎて【不错】が見えてなかった。この「涼しい席」に対していいイメージを持っていなくて、完全にこっちも日本語を混ぜて考えていて、私は……え？　「私は向こうの席をすすめます」ということを考えていました。今さっきは完全に、悪いイメージ、「悪いから向こうの席をあなたにすすめるよ」みたいなイメージで考えていました。

3.7.1.2　文脈を無視

　表16はどちらも文脈を考慮に入れなかったため推測に失敗している例である。38は学生が文脈の意味がよくわからなかったため推測できなかったケースである。39は文脈を全く考慮に入れず、当該語を構成する漢字のみから意味を推測して失敗しているケースで、39の解答は文脈には全くあてはまらない。

表16　文脈を無視

番号	学生	当該語	学生の解答	発話内容
38	3f	涼席	（未記入）	これは【推荐[13]】があんまりわからんくて、なんやろ、「推薦する」みたいな？　わからんかったけど、文章の意味自体があんまりわからんかったから。文章の日本語がわからんかったら、あんまり漢字から連想できへんかな。冷たい席ってどういういうことやろう？　ってなって、この辺の全体の日本語もわからんから、これは。予測つかないなと思って。
39	3i	持平	レベル	文章は読まずに漢字だけで判断していると思う。漢字を見てすぐに「レベル」が出てきたから、読まなかった。

3.7.1.3　語素の多義性

　次に、表17は多義性を持つ語素を学生が異なる意味で解釈しているケースである。表意文字である漢字は、1字で複数の異なる意味を持つ場合があ

る。40と46の"安分"の語素"安"は本来"安于身份（分）（身分をわきまえる）"という動詞性の語素なのだが、学生は「平安」「安心」「安らか」といった異なる意味で解釈している。

41 "川劇"の"川"は「四川省」の略称である。中国語では流れる「川」のことは通常"河"と表現することが多いが、テストでは多くの学生が「川」や「水」と解釈していた。

42、44、47の"差遣"の"差"と"遣"はどちらも「人を行かせる」という同義の動詞性語素だが、"差"が「差別」「差」"很差（悪い、劣っている）"といった他の意味で捉えられており、そのために誤った解答が導き出されていることがわかる。

43、45の"推翻"の"推"は本来は「推す」「推し進める」、"翻"は「ひっくり返す」の意味であるが、"推"は「推薦」「推敲」、"翻"は"翻訳（翻訳）"と解釈され、そこから語全体の意味も誤って推測されている。

表17　語素の多義性

番号	学生	当該語	学生の解答	発話内容
40	2D	安分	穏やか	「安」から平和なイメージだと思い（　中略　）「平安」とかそういうイメージで「穏やか」と思った。
41	2E	川劇	川で行う劇	「川」はそのまま「かわ」しか思いつかなかった。
42	3A	差遣	いじめる	漢字を見たら「差」があったので、もしかしたら「差別」とか思った。でも「差別」とかやとちょっとやりすぎ、きついかなと思ったので「いじめる」。
43	3B	推翻	推薦する	「推」から連想。「推」っていうので「推薦」。
44	3D	差遣	けなす	「差」にあまりいいイメージがないから。「差」がレベルが低いみたいな意味、【很差(悪い、劣っている)】みたいに考えて、それが浮かんで。
45	3g	推翻	書きかえる	「推敲」の「推」に【翻译（翻訳）】の【翻】で、あるものを変えるイメージがあるから。「推敲」は日本語が思いついた。【翻】は中国語の【翻訳】が思いついた。これは中国語が先に出た。

50

| 46 | 3h | 安分 | 幸せ | 「安心」の「安」じゃないですか。日本語の「安心」を考えた。「安心」の「安」とか「安らか」とか。で、「幸せ」とか「安らか」っていうのがぴったりあうなと思って書いた。 |
| 47 | 3j | 差遣 | 差が開いている（他が）素晴らしい | 「差」を見てふーんと思って、単語をばっと見た時に、日本語で自分がどういう風に使っているかを参考にしちゃってるかな。で、「彼」と「私」が出てきて、その間に「差」があるということは彼と私の「差」なのかなと考えてて。でも「どうしようもない」って言ってて、何がどうしようもないんだろうって考えた時に、彼と私の差が開きすぎて……、「全て」って書いてあるし、「全てにおいて開きすぎてどうしようもない」。 |

3.7.1.4　語素義を比喩的に利用

　語の意味には、語素の意味が直接反映されず、語素義が比喩的に用いられることがある。本調査で出題しているb.“出入”やc.“眉目”もその例で、各語素の意味は語全体の意味には直接は反映されていない。

　今回の調査においても、学生が語素義を比喩的に解釈して語全体の意味を推測したケースが多く見られた。しかし、中には語素の意味をあまりにも飛躍して解釈し、全く異なる解答であったものも少なくなかった。表18は、うち一部の例である。

表18　語素義を比喩的に利用

番号	学生	当該語	学生の解答	発話内容
48	2C	川劇	釣り	「川劇は難しいと聞くので私は興味がある」だから「釣り」？　川と文脈だけ（しか考えていない）。
49	2E	涼席	空席	誰も座っていないと涼しい？
50	3E	涼席	お店、レストラン	「席」という字があるから「座るところ」をおすすめしようと思ってるのだと思って、「座っておすすめするところ」といえば、「レストラン」かな、みたいな。

51

| 51 | 3g | 涼席 | エアコン | 涼しそうなかんじがしたから。【涼】の漢字の印象しかもう出てこなくて、たぶん【涼】とも全然違うかんじの意味になるんだろうなとは思ったけれど、もう想像があんまりそこまで追いつかなくて、この意味かなと思った。 |

3.7.1.5　L1干渉

　次に母語干渉（L1 interference）を見ていきたい。表19の52を見ると学生2Dは"差"の字から日本語の「差し込む」を連想している。また52、54で学生はそれぞれ"遣"の字から「気遣い」「気遣う」と解釈しているが、中国語ではこのような表現はしない。53の学生3hは"川"の字を見て日本特有の「川柳」を連想している。

　表7からもわかるように、日本人は漢字がわかるがゆえ、中国語の漢字を見てもL1の語を連想することがある。日本語と中国語の語彙の中には同形同義語が少なくないが、同形異義語や、日本語にはあって中国語にはない表現、その逆もまた多く存在し、推測を誤る原因の1つとなっている。

表19　L1干渉

番号	学生	当該語	学生の解答	発話内容
52	2D	差遣	気づかう	「差」は「差し込む」とか「話に割り込む」のイメージ。「遣」という字を見ると「気遣い」しか思いつかなかった。「遣う」で「差す」なので「気遣い」を差して[14]くれると思った。
53	3h	川劇	川柳	「川の劇」ってなんやろうと思って、今思えば中国にあるわけないと思うけど、そのまま書いた。
54	3i	差遣	気遣う	「遣」は「気遣う」のイメージ。日本語で考えている。

3.7.1.6　片方の語素を無視

　次に片方の語素を無視しているため、推測を誤っている例を見てみたい。表20ではどちらも中心語素である55の"郎（「男性」を意味する）"、56では"劇（劇)"が考慮されていないため、全く違う意味に解釈されている。

第3章　短文の中での学習者の語彙習得

表20　片方の語素を無視

番号	学生	当該語	学生の解答	発話内容
55	2B	伴郎	かばん	左の「伴う」から。右の漢字は考えていない。
56	3f	川劇	川柳	【劇】は【京劇】とか習ったから知ってたけど、あんまり考えなかった。このテストの時はあまり【劇】については考えず、「川」だけで（推測した）。

3.7.1.7　両方の語素を無視

　表21は語素の意味を完全に無視して、文脈のみから判断したため、推測に失敗している例である。

表21　両方の語素を無視

番号	学生	当該語	学生の解答	発話内容
57	2B	涼席	待遇	漢字の意味は考えていない。
58	3E	差遣	からかう	全く想像がつかなかったので、文脈から勘で判断した。漢字は考えてない。

3.7.1.8　品詞理解の失敗

　表22は学生が統語構造を理解できておらず、解答の品詞が誤っているケースである。59の"眉目"は名詞なのだが、"那件事还没有一点儿（　　）"という文で学生3hの解答のように動詞が入ることはありえない。次に60の"我们公司的产量在这四年基本（　　）"という文でも、学生3iの解答のような名詞は入りえない。

表22　品詞理解の失敗

番号	学生	当該語	学生の解答	発話内容
59	3h	眉目	知らない	「眉」と「目」以外の部分を訳すと、「あのことはまだちっとも～」。「～」にしっくりきた。
60	3i	持平	レベル	【水平】と同じような意味だと思った。

3.7.1.9 語構成の理解の失敗

表23は複合語を構成する漢字2字の関係性を誤って認識しているものである。61、62では、本来中国語には存在しない目述式の語構成と捉えられている。また、63の語構成は本来であれば述補式だが、学生3iは連体修飾式として理解しており、結果的に推測した語も誤答であった。

表23　語構成の理解の失敗

番号	学生	当該語	学生の解答	発話内容
61	2C	差遣	先に行く	「差を遣わす」から「先に行く」。
62	3f	安分	幸せに	「安心」が夫婦に「分けられている」。
63	3i	持平	レベル	【水平】がレベルみたいなかんじだから、同じ漢字「平」が使われていて、「持ってる自分のレベル」みたいな。

3.7.1.10 未知語の意味推測に失敗する原因まとめ

以上より、本調査で見られた失敗の原因は（1）文脈理解の失敗（2）文脈を無視（3）語素の多義性（4）語素義を比喩的に利用（5）L1干渉（6）片

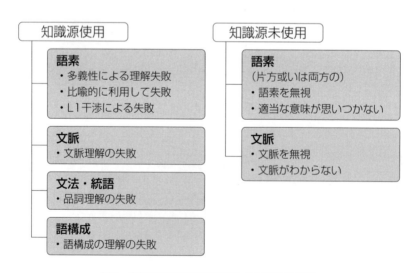

図3　未知語の意味推測に失敗する原因の分類

方の語素を無視（7）両方の語素を無視（8）品詞理解の失敗（9）語構成の理解の失敗、と9分類することができる。

　上記の意味推測に失敗する原因を分析すると、3.4で述べた知識源を使用して解釈を誤って推測に失敗しているケースと、知識源を使用しなかったために推測に失敗しているケースに大きく2分類することができる（図3）。（1）文脈理解の失敗（3）語素の多義性（4）語素義を比喩的に利用（5）L1干渉（8）品詞理解の失敗（9）語構成の理解の失敗は、知識源を使用して失敗したケースであると言える。一方（2）文脈を無視（6）片方の語素を無視（7）両方の語素を無視は、知識源を使用しなかったケースと考えることができる。この中で（3）語素の多義性（4）語素義を比喩的に利用（5）L1干渉は、知識源である語素を利用して推測に失敗しており、ここでもやはり学習者は漢字の影響を少なからず受けているということがわかる。

3.7.2　未知語の意味推測において学習者が陥りやすい失敗

　それでは、未知語の意味推測に失敗する原因は何が大きいのだろうか。学習者によって差異は見られるのだろうか。表24では学生が推測に失敗した問題に関して、学生が何故間違えたのかを発話データから分析し、その原因の頻度を数値化している。[15]

　表24を見ると、3グループともに失敗の原因として最も多いのは語素の多義性によるもので、特に3年生下位群でその傾向が顕著である。漢字は複数の意味を持つことがあり、表17の42、44、47で“差遣”の“差”が「差別」「差」“很差”といった意味で捉えられていることからも、学習者は使用頻度のより高い意味、より馴染みのある意味、授業で習ったことがあるL2の語を真っ先に思い浮かべがちであることが考えられる。逆に未知語の語素義が使用頻度の低いものであった場合、誤った推測を引き起こす可能性が高いということもわかる。また表17の41で学生が“川劇”の“川”を「四川」ではなく流れる「川」と考えたことからも、日本語と中国語で使用頻度の高い意

味が異なることも、学生が漢字の意味を解釈する際に影響を与えると考えられる。

さらに表24で3年生上位群がL1干渉の影響を受けていない点にも注目したい。併せて表12を見ると、3年生上位群のL1語彙連想の利用数は決して少なくはない。つまり、成績上位者は複数の知識源をかけあわせた上で、文脈や文法的にもうまくあてはまる場合には、L1の知識も適切に利用していることがここでもわかる。

表24　推測に失敗する原因

失敗の原因	2年生上位群		3年生上位群		3年生下位群	
	M	SD	M	SD	M	SD
文脈理解の失敗	0.60	(0.89)	0.00	(0.00)	2.00	(2.35)
文脈を無視	0.60	(0.89)	0.00	(0.00)	1.00	(1.22)
語素の多義性	2.80	(1.30)	1.80	(1.10)	4.00	(2.00)
語素義を比喩的に利用	0.80	(0.84)	0.80	(0.45)	1.40	(0.89)
L1干渉	0.60	(0.89)	0.00	(0.00)	0.60	(0.55)
片方の語素を無視	2.00	(1.22)	0.80	(0.45)	2.20	(0.45)
両方の語素を無視	0.60	(0.55)	0.20	(0.45)	0.20	(0.45)
品詞理解の失敗	0.20	(0.45)	0.00	(0.00)	1.40	(0.89)
語構成の理解の失敗	0.20	(0.45)	0.00	(0.00)	0.60	(0.89)
合計	8.40	(3.36)	3.60	(0.89)	13.40	(4.10)

3.8　学習者の漢字知識の利用

上述の分析からも、日本語を母語とするCFL学習者の語彙習得には漢字知識が非常に大きな影響を与えていることがわかる。本節では、語彙テストで出題した語の意味を推測する際に、学習者がどのように語素つまりは漢字知識を利用したのか、112名の調査対象者全員の解答と彼らが記述した「そのような意味だと考えた理由」から分析する。なお筆記テストによる量的調査では、学生がL1を連想しているのかL2を連想しているのか、字面からは判

断できないケースが多かったため、本節ではL1とL2の区分は行っていない。また、以下での学生の学年は語彙テスト実施時の学年で表記する。

3.8.1 同義語素並列式"差遣"

3.8.1.1 学習者の語素の利用率

　下の図4〜図12は、テストにおける学生の記述から彼らがどのように解答を導いたのかを分析した結果である。円グラフ中の色つき部分（A〜C）は学生が語素つまり漢字の知識を利用して推測している割合で、濃い黒のCは、学生が複合語の前後2つの語素（漢字）を関連付けて解答を導いている割合を表している。棒グラフは円グラフCの内訳で、学生がどのような語構成として捉えているかを示している。棒グラフの中の色つき部分は、正しい語構成（図4では並列式）で推測をしている解答の割合である。なお、漢字の知識を利用している解答（A〜C）の中には、文脈知識を併用しているものも含む。

　図4を見ると、学習歴が上がるにつれて、漢字の知識を利用する割合が増え、正しい語構成で理解できる割合も高くなっていくことがわかる。

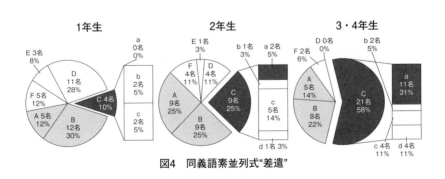

図4　同義語素並列式"差遣"

　以下、学生が記述した解答とそのように考えた理由をいくつか見てみたい。

A. 前の語素のみ利用して解答：『レベルが違う』＝"差（悪い）[16]"⇔"好（良

い)"を習った（1年生）。『さげすむ』＝差別の「差」という字から（2年生）。『上回る』＝能力の「差」があることだと判断（4年生）。

B. 後の語素のみ利用して解答：『遠ざける』＝"遣"にどこかへやるという意味があると思った（1年生）。『遠慮する』＝"遣"から「気を遣う」をイメージ（4年生）。

C. 前後2つの語素を関連付けて解答

 C-a. 並列式（并列式）：『パシる』＝「差し向ける」＋「遣わす」と考えた（2年生）。『横やりを入れる』＝どちらも「派遣する」というような意味合いをもった字のため（3年生）。『使う』『パシらせる』＝漢字から判断。"出差（出張）"の"差"と"派遣（派遣する、差し向ける）"の"遣"（4年生）。

 C-b. 連用修飾式（状中式）：『差別する』＝"差"は「ひどい」＋"遣"は「遣わす」「扱う」→ひどく扱う（2年生）。『雑に扱う』＝後に"没办法（しょうがない）"とあるので"差"は「劣る」という意味で「雑に」、"遣"が「扱う」という意味かと思った（3年生）。

 C-c. 目述式（宾述式）：『距離をとる』＝「差」を「遣わせる」と考えたら距離をとるのかなと思った（2年生）。『蔑む』＝「差」を「遣わす」わけであるから。彼と私の差を述べていると思った（3年生）。

 C-d. 2つの語素を利用しているが、その関係性の判別が難しいもの：『嫌う』『避ける』＝"差"の「悪い」というイメージと"遣"の「どこかへやる」というイメージ（4年生）。

D. 文脈のみから判断：『砦』＝文の後ろが「成す術なし」みたいだったので「最後の砦」（1年生）。『頼ってくる』＝後ろに「どうしようもない」と書いてあるため（1年生）。

E. その他：『送る』＝勘（1年生）。

F. 未記入：解答が未記入だったもの。以下同様。

　"差遣"は前の語素の"差"を「悪い」「差がある」や「劣っている」と

いった意味で捉えた学生が多く、"差"と"遣"が同義で並列の関係にあると見抜けた学生が少なかったため、得点率は非常に低かった（$M = 0.61$, $SD = 1.03$）。しかし、後の語素"遣"のみ使用し、「派遣」を連想して正答を導いた解答も少なからず見られた。これは、並列式の語はどちらか1つの語素の意味がわかれば、おおむね推測に成功するという先行研究（刘颂浩 2001）とも合致している。

3.8.1.2　学習者の語素義の認識

　次に、学習者がどのように語素義を捉えているのか、テストに参加した調査対象者全員の結果から見てみたい。表25は"差遣"の"差"の字の意味を学生がどのように捉えているのか、合計人数順に並べたもので、それぞれの意味で捉えた学生の平均点および標準偏差と併せて表している。"差"の字を利用している学生は全部で53名いるが、学年が上がるにつれて語素を利用する学生の数も増えている。"差遣"の"差"は本来であれば第3位の"出差（出張）"「差し向ける」「差し出す」が語素義としては正しいのだが、第3位の意味で記入した1年生の人数は0名である。しかし3・4年生は第3位の意味で捉えている学生が最も多く、学習歴とともに語素の正しい意味をつかめるようになっていく傾向にあると考えられる。1年生、2年生は第2位の「差（さ）」「違い」の意味で捉えている学生が1番多く、日本語の漢字で使用頻度が高い意味、馴染みがある意味で捉えていることがわかる。また"差"は複数の読み方がある多音字で、"差遣"や前出の"出差"の"差"は"chāi"と読むのだが、"chā"と読むと第2位の「差」や「違い」の意味になり、"chà"と読むと第1位の「悪い」や第4位の「劣っている」という意味になる。全体では"差chà"の意味で捉えている学生が最も多いのだが、"差chà"は1年生の早い段階で学習することから、学習者は初級の段階で習ったことがある意味、使用頻度が高い意味を最初に考えつくという可能性が推察される。

　表26では"差遣"の"遣"の字の意味を学生がどのように捉えているのか

を表している。"差遣"の"遣"は「遣う」「遣る」といった正しい意味で捉えている学生が最も多いが、第2位の「気遣う」「気をつかう」は中国語では"遣"の字を使って表現することはなく、日本語の干渉を受けていることがわかる。また同じく第2位の「使う」「使用する」も日本語の「つかう」という訓読みの影響を受けていることがわかる。

そして、"差"の字も"遣"の字も、正しい語素義をつかめていると、テストでの得点もやはり高くなることが表25と表26それぞれの平均点の数値からわかる。

表25　"差遣""差"の語素義

順位	語素義	1年	2年	3/4年	人数計	平均点 (SD)
1	悪い、マイナスイメージ	3	5	8	16	0.25 (0.45)
2	差(さ)、違い	4	7	4	15	0.00 (0.00)
3	"出差"、差し向ける、差し出す	0	2	9	11	2.09 (1.04)
4	"差(chà)"、劣っている、ひどい	1	2	3	6	0.50 (1.22)
5	差別、軽蔑、蔑む	1	2	2	5	0.00 (0.00)
全体		9	18	26	53	0.57 (1.03)

表26　"差遣""遣"の語素義

順位	語素義	1年	2年	3/4年	人数計	平均点 (SD)
1	遣う、遣る、遣わせる、派遣する、パシる、どこかへやる、遣唐使	8	13	21	42	1.33 (1.34)
2	使う、使用する、こき使う	5	2	2	9	1.00 (0.00)
2	気遣う、気をつかう、気にする	3	3	3	9	0.00 (0.00)
4	その他：扱う、従うなど	0	0	3	3	0.00 (0.00)
全体		16	18	29	63	1.05 (1.22)

3.8.2 反義語素並列式 "出入"

3.8.2.1 学習者の語素の利用率

反義語素並列は反対の意味を表す2つの語素によって構成されている語で、全体の語意は各語素の意味とは異なり、新しい意味を生み出す。本調査では"出入"を出題している。なお調査対象者112名のうち、"出入"を知っており、かつ解答も正解であった学生が2名いたため、ここではデータから排除した。

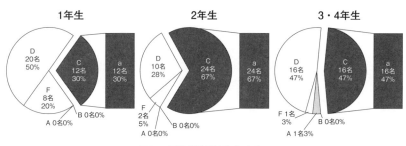

図5　反義語素並列式"出入"

A. 前の語素のみ使用：『差が出る』＝結果と現実に「出」ている何かが少ないという意味かなと思った（3年生）。

B. 後の語素のみ使用：無し。

C. 前後2つの語素を関連付け

　C-a. 並列式（并列式）：『うつり変わり』＝出し入れするということは変化が大きいと思ったから（1年生）。『違い』＝「出」と「入」は意味が対になっているところから連想して（2年生）。『収支』＝収「入」と支「出」（3年生）。

D. 文脈のみから判断：『共通点』＝文脈から（1年生）。『差異』＝前半部分で「結果」と「状況」の対比が見られるので"出入"はその「差」と訳すと自然かなと思った（2年生）。

E. その他：無し。

F. 未記入

　“出入”に関しては片方の語素のみを使用した学生はほとんどおらず、2つの語素を関連付けた学生は全員が並列の関係にあると考えていた。これは2つの語素が対の関係にあるということがわかりやすかったためと思われる。また、2つのものを比較するという文脈から比較的答えを導きやすかったこともあり、結果的に得点率も非常に高かった（$M = 2.08$, $SD = 1.22$）。

3.8.2.2　学習者の語素義の認識

　“出入”に関しては、文脈から答えを導きやすかったこともあり、語素を利用していない学生が約半数ほどであった。語素を利用した学生53名のうち、3年生1名を除いた52名の学生は“出”と“入”の両方の語素義を利用し、並列の関係と捉えていた。またほとんどの学生がそれぞれの語素を「出る」と「入る」の意味で理解し、そこから比喩的に解釈して語全体の意味を推測していた。

表27　“出入”“出”の語素義

順位	語素義	1年	2年	3／4年	人数計	平均点 (SD)
1	出る、出	12	23	16	51	2.14 (1.18)
2	支出	0	1	1	2	1.50 (2.12)
全体		12	24	17	53	2.11 (1.20)

表28　“出入”“入”の語素義

順位	語素義	1年	2年	3／4年	人数計	平均点 (SD)
1	入る、入	12	23	15	50	2.14 (1.20)
2	収入	0	1	1	2	1.50 (2.12)
全体		12	24	16	52	2.12 (1.22)

3.8.3　関連語素並列式"眉目"

3.8.3.1　学習者の語素の利用率

　関連語素並列は、前後の各語素は同じ意味ではないが、関連性があるものを指す。関連語素並列の語は、語全体の意味は単純に各語素の意味を表すのではなく、それぞれの語素の意味が比喩的に用いられ、新しい意味を生み出す。本調査では"眉目"を出題している。

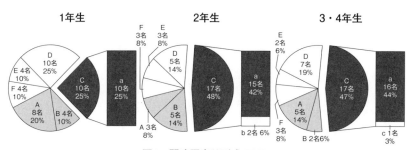

図6　関連語素並列式"眉目"

A. 前の語素のみ使用：『うそ』＝「眉唾」という言葉があるくらいなので、あまりよくない意味だと思った（1年生）。『疑いの余地』＝「眉をひそめる」でマイナスのイメージがあったので（3年生）。

B. 後の語素のみ使用：『目撃者』＝「目」が目撃者の「目」を表しているかなと思った（1年生）。『証拠』＝「目」の字があり、文章から「目で見える証拠がない」と考えた（3年生）。

C. 前後2つの語素を関連付け

　C-a. 並列式（并列式）：『普通』＝単純に「眉」と「目」というそのままの意味ではないことはなんとなく分かった。あとは、眉と目というのは普通にあるかなと思ったので（1年生）。『面白い点』『いいこと』『人情みたいなもの』＝「眉目秀麗」から「注目される」「世間からプラス評価を得るようなこと」を連想（3年生）。『解決の糸口』＝眉

と目の距離が近いことから「間近」と判断（4年生）。

C-b. 連体修飾式（定中式）：『打開案』＝眉ほどの細さの目というかんじから（2年生）。

C-c. 2つの語素を使用しているが、その関係性の判別が難しいもの：『目をひそめる』＝「眉」という字と文脈から、「眉をしかめる」の意味と推測（3年生）。

D. 文脈のみから判断：『認知』＝「あのことはまだあまり〜ない」という文脈から（1年生）。『変化』＝"还没有（まだない）"と"一点儿（少し）"から「あるべきものが未だない」と考えた（4年生）。

E. その他：『いかがわしい所』＝なんとなく（4年生）。

F. 未記入

　"眉目"に関しても、2つの語素を関連付けた学生のほとんどが並列の関係にあると考えていた。これは「眉」と「目」がどちらもともに顔にあるパーツで、何か関連のある意味なのだろうと考えた学生が多かったためであると思われる。

3.8.3.2　学習者の語素義の認識

　"眉目"については、多くの学生が「眉」や「目」そのままの意味ではないだろうと考え、「眉」と「目」の意味から比喩的に解釈して語全体の意味を推測していた。また「眉をひそめる」「眉唾」「眉目秀麗」といった慣用表現に影響された解答も数多く見られ、中には「目鼻をつける」から正答に導いている例もあった。そして、若干ではあるが、「媚」や「矛盾」といった、「眉」と字体が似た漢字に惑わされている解答も見られた。これは郭胜春（2004）の先行研究において、学習者は字形の似た漢字に惑わされ、語の意味の理解を誤ることがあると指摘されている点とも合致する。

　"眉目"は、語素義が語全体の意味とは直接関係がない透明性が低い語（opaque word）で、学生は漢字の知識を活かすことができなかったためか得

64

点率も低かった（$M=0.79$, $SD=1.19$）。刘颂浩（2001）では並列式の語はどちらか片方の語素の意味がわかれば、おおむね推測に成功すると主張しているが、これは同義語素並列の場合に限られ、語素の意味が比喩的に用いられる関連語素並列および反義語素並列の語に関しては、該当しないと言えるだろう。

表29　"眉目""眉"の語素義

順位	語素義	1年	2年	3／4年	人数計	平均点（SD）
1	眉	10	14	13	37	0.78（1.18）
2	眉をひそめる（眉をしかめる）	2	3	5	10	0.10（0.32）
3	眉唾	5	0	1	6	0.17（0.41）
4	眉目秀麗	0	1	2	3	0.00（0.00）
5	その他：媚、矛盾など	1	2	1	4	0.00（0.00）
全体		18	20	22	60	0.53（1.01）

表30　"眉目""目"の語素義

順位	語素義	1年	2年	3／4年	人数計	平均点（SD）
1	目	9	16	16	41	0.98（1.23）
2	注目	2	2	0	4	0.00（0.00）
3	眉目秀麗	0	1	2	3	0.00（0.00）
4	目撃、目にする	2	0	0	2	0.00（0.00）
5	その他：目鼻をつける、疑いの目など	1	3	1	5	1.20（1.64）
全体		14	22	19	55	0.84（1.21）

3.8.4　偏正式（連体修飾式）N＋N型　"川劇"

　偏正式は前後の語素が連体修飾関係もしくは連用修飾関係にあるものを指し、意味上は前の語素が後ろの語素を修飾している。本調査では偏正式の中から連体修飾式（定中式）を扱った。連体修飾式は、前の名詞性、動詞性も

しくは形容詞性の語素が、後ろの名詞性の語素を修飾する関係にあり、中国語の複合語の中では連体修飾式の語が全体の3分の1程度を占めている。

3.8.4.1　学習者の語素の利用率

　ここではN＋N型のタイプについて見てみたい。本調査では"川劇"を取り扱った。なお全学生のうち7名が"川劇"を知っており、解答も正しかったため統計から排除した。

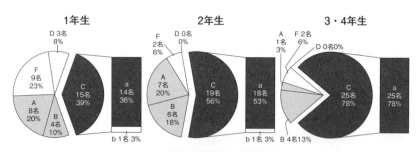

図7　連体修飾式N＋N型"川劇"

A. 前の語素のみ使用：『川柳』＝川柳と漢字が似ているから（1年生）。『ボート』＝川に関係するものだと思ったから（2年生）。
B. 後の語素のみ使用：『オペラ』＝"劇"が「劇」という意味なので（1年生）。『劇』＝"兴趣（興味）"があるので、人の興味の対象になるものを考えた。"劇"の漢字だけにして、"川"は分からないのでとりあえず無視した（3年生）。
C. 前後2つの語素を関連付け
　C-a. 連体修飾式（定中式）：『川での劇』＝漢字から（1年生）。『シンクロ』＝水中（川）で行う演劇（劇）だから（2年生）。『何かの劇』＝「川」が中国の地方を表していて、その地域にしかない劇の一種の名称かと思った（2年生）。『四川の劇』＝"川菜（四川料理）"という言葉があるので"川劇"は四川の劇と思った（3年生）。

C-b. 2つの語素を使用しているが、その関係性の判別が難しいもの:『流れ』=川がする劇から考えた（1年生）。

D. 文脈のみから判断:『おとぎ話』＝“听（聞く）”と“兴趣”があり文意的になにかの話と感じた（1年生）。

E. その他：無し。

F. 未記入

　“川劇”についても、2つの語素を関連付けて解答した学生のほとんどが連体修飾式の関係にあると考えて正しい語構成をつかむことができており、3・4年生に至っては78%が正しい語構成を把握できていた。

3.8.4.2　学習者の語素義の認識

　“川劇”の“川”の字に関しては、学年によって学習者の理解が異なった。1年生は「川柳」を連想した学生が最も多く（10名）、L1の干渉を受けていること、そして“劇”の語素義を考慮に入れた学生が他の学年と比べて少ない（19名）ことも原因の1つとして考えられる。2年生では「川」と捉えた学生が最も多く（11名）、「川でやる劇」「水中でやる劇」「シンクロ」といった解答が見られた。そして3・4年生になると、正しく「四川」と理解できている学生が最も多く（18名）、学習期間が長くなるにつれて、正しい語素義をつかむことができるようになっていくことがわかる。一方で、学習期間が短い1年生や2年生は、日本語で使用頻度が高い意味、より馴染みがある意味に理解する傾向にあると考えられる。“川”の語素義を正しく「四川」と理解できた学生は得点率も高く（$M = 2.93$, $SD = 0.25$）、満点に近い点数がとれている。

　“川劇”の“劇”については、語素義を利用した学生は、全員が正しく「劇」の意味で捉えることができていた。

表31 "川劇""川"の語素義

順位	語素義	1年	2年	3/4年	人数計	平均点 (SD)
1	四川	6	7	18	31	2.90 (0.30)
2	川	7	11	5	23	0.83 (0.39)
3	川柳	10	8	3	21	0.19 (0.51)
全体		23	26	26	75	1.50 (1.27)

表32 "川劇""劇"の語素義

順位	語素義	1年	2年	3/4年	人数計	平均点 (SD)
1	劇	19	25	29	73	1.74 (1.08)
全体		19	25	29	73	1.74 (1.08)

3.8.5 偏正式（連体修飾式）A＋N型 "涼席"

3.8.5.1 学習者の語素の利用率

次にA＋Nタイプの"涼席"について見てみたい。なお学生1名が"涼席"を知っており、解答も正しかったため統計からは排除した。

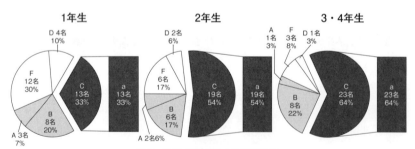

図8　連体修飾式A＋N型"涼席"

A. 前の語素のみ使用：『クーラー』＝「涼しい」という字から（2年生）。『アイスクリーム』＝「冷たいもの」で「おすすめ」といっているから物かなと思った（3年生）。

B. 後の語素のみ使用：『寄席』＝「おすすめ」＋「席」のイメージ（1年生）。
『ポスト』＝「席」という字から役職のようなものをイメージした（2年生）。

C. 前後2つの語素を関連付け

C-a. 連体修飾式（定中式）：『テラス席』＝涼める席で店内より風当たりの
よい席というとテラス席が思いついた（2年生）。『納涼床』＝涼しい
座席ということは納涼床かなと考えた（3年生）。『なにか床に敷くも
の』＝"涼菜"の"涼"、"席"は座るところと考えた→ゴザのような
もの（4年生）。

D. 文脈のみから判断：『本』＝人に勧めるものとして、本が適当だと思っ
たから（2年生）。

E. その他：無し。

F. 未記入

ここでも2つの語素を関連付けて解答した学生の全員が連体修飾式（定中
式）の関係に解釈しており、正しい語構成を認識できていると判断できる。
またAよりもB、つまり後の語素のみ使用した学生が多かったことから、連
体修飾式の中心語素が後方にあることを学習者が無意識に把握している可能
性も考えられる。

3.8.5.2　学習者の語素義の認識

表33と表34を見ると、学習歴が長くなるにつれて語素を利用する学生の数
が増え、図8を見ると、2つの語素を併せて利用する学生も同様に増えてい
くことがわかる。

"涼席"に関しては、全ての学年で"涼"を「涼しい」、"席"を「席」「座
るところ」という意味で理解している学生が最も多く、「ゴザ」という正答
を導いていなくても、「テラス席」や「納涼床」「川床」といった、「涼しい
席」から連想したと思われる解答が多く見られた。しかし"涼席"の"涼"
から"原谅（許す）"や"吃惊（驚く）"といった、旁が同じ漢字を使った語

を誤って連想しているケースも少数ではあるが見られた。また"涼席"の
"席"から「寄席」や「会席料理」といった、日本語にしかない語を連想し
ているケースも見られ、これはL1の干渉を受けていると考えることができ
る。中には"涼席"の"涼"の字から英語の"cool"を連想し「かっこい
い」と解答しているケースや、"涼席"の"席（seat)"から「冷却シート
(sheet)」を連想しているケースも見られ、日本語だけでなく、英語の影響を
受けるケースも場合によってはあるということもわかる。

表33 "涼席""涼"の語素義

順位	語素義	1年	2年	3／4年	人数計	平均点 （SD)
1	涼しい、冷たい、涼む	12	19	17	48	1.52（0.85)
2	空いている	1	0	2	3	1.00（0.00)
3	良い	0	0	2	2	1.00（0.00)
3	快適	1	0	1	2	1.00（1.41)
5	その他：前菜（"涼菜")、"原涼"、"吃惊"、かっこいい（cool)、豪華、荒涼	2	2	2	6	0.83（0.41)
全体		16	21	24	61	1.39（0.82)

表34 "涼席""席"の語素義

順位	語素義	1年	2年	3／4年	人数計	平均点 （SD)
1	席、座るところ	17	19	20	56	1.52（0.69)
2	場所	0	2	4	6	1.33（0.52)
2	席（ポストの意味での「席」)、ポスト、役職、役割	2	1	3	6	0.50（0.55)
4	寄席、漫才	1	0	1	2	0.00（0.00)
4	会席料理（懐石)	0	1	1	2	0.00（0.00)
6	その他：機械、首席、集まり、話の量詞、（冷却）シート	1	2	2	5	0.20（0.45)
全体		21	25	31	77	1.26（0.80)

第 3 章　短文の中での学習者の語彙習得

3.8.6　偏正式（連体修飾式）Ｖ＋Ｎ型 "伴郎"

3.8.6.1　学習者の語素の利用率

　ここではＶ＋Ｎタイプの "伴郎" を見てみたい。なお学生3名が "伴郎" を知っており、その解答も正しかったためデータから排除した。

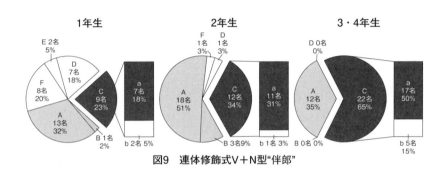

図9　連体修飾式Ｖ＋Ｎ型"伴郎"

A. 前の語素のみ使用：『パートナー』＝「伴う」という意味から（1年生）。『付き添い』＝同伴の「伴」の字から推測（4年生）。

B. 後の語素のみ使用：『夫』＝日本語でも「新郎」というように、中国語でも「郎」を使うのかと予測したから（2年生）。

C. 前後2つの語素を関連付け

　C-a. 連体修飾式（定中式）：『エスコートする人』＝「伴」は伴う人、「郎」は男のイメージ（2年生）。『秘書』『マネージャー』＝「伴う野郎」と考えた（3年生）。

　C-b. 述目式（述賓式）：『仲人』＝新「郎」に「伴う」で仲人をしてあげるのかなと思った（2年生）。

D. 文脈のみから判断：『課題』＝ "要做" の後ろにくるのが "工業（工業）"[18] とか "作業（宿題）" のイメージがある（1年生）。

E. その他：『かばん』＝なんとなく（1年生）。

F. 未記入

推測方法の如何に関わらず「仲人」「パートナー」「伴侶」「夫」という結婚にまつわる解答が多く見られた。また正しい語構成を把握できていなくても、おおむね推測に成功しているケースも少なからず見られた。これは"伴"の字から想像しやすかったためではないかと思われ、"伴"のみを利用して推測している学生も少なくなかった。また述目式と考えている学生が数名いるが、これは前の語素が動詞性語素の場合、学生は述目式と捉える傾向にあると先行研究（干红梅 2009）においても指摘されている。

3.8.6.2　学習者の語素義の認識

　"伴"の字を利用して語の意味を推測している学生は全部で86名、"郎"の字を利用している学生は47名いるが、やはりどちらも学年が上がるにつれて語素を利用する学生の数が増えている。

　"伴"の字を利用した学生は、全員が「伴う」や「お供する」といった意味で理解できており、"郎"の字は「男」や「人」「新郎」など、どれも近い意味で理解することができていた。

表35　"伴郎""伴"の語素義

順位	語素義	1年	2年	3／4年	人数計	平均点 (SD)
1	伴う、お供する、つきそう、同伴、伴侶、"伙伴"	22	30	34	86	1.56 (0.68)
全体		22	30	34	86	1.56 (0.68)

表36　"伴郎""郎"の語素義

順位	語素義	1年	2年	3／4年	人数計	平均点 (SD)
1	野郎、男	4	5	9	18	1.72 (0.75)
2	人	3	5	7	15	1.67 (0.49)
3	新郎	2	5	6	13	1.38 (0.96)
4	その他：朗らか	1	0	0	1	0.00 (N/A)
全体		10	15	22	47	1.59 (0.78)

3.8.7 述補式"持平"

3.8.7.1 学習者の語素の利用率

述補式（述补式）は、前の語素が動作行為を表し、後ろの語素が動作行為の結果や状態を表して前の語素の補足説明をする関係にある。以下は"持平"の分析結果と学生の解答例である。ここでは学生2名が"持平"を知っており、解答も正しかったため、統計から排除している。

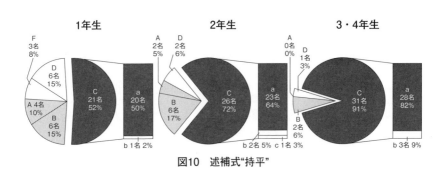

図10　述補式"持平"

A. 前の語素のみ使用：『保存』＝「持」があったから（1年生）。『変わらぬ品質』＝持続するイメージ（2年生）。

B. 後の語素のみ使用：『レベル』＝"水平（レベル）"と同じような意味だと思った（2年生）。『同じ』＝「平」から、平らな、あまり変わらないイメージがした（2年生）。

C. 前後2つの語素を関連付け

C-a. 述補式（述补式）：『変化がない』＝漢字から水平な状態が持続していると推測（1年生）。『そのまま』＝「持」が"keep"で、「平」がまっすぐというイメージなので、量とかがそのまま保たれているという意味かと思いました（2年生）。『変化なし』＝"産量（生産高）"という言葉があったので、折れ線グラフを想像して、「平らを保っている」ということは「変化なし」ということなのかな、と思った（3

年生)。

C-b. 述目式（述宾式）：『（レベルを）維持している』＝我々の会社の生産量はこの4年間基本〜ということで、「平」＝"水平"、「持」＝「維持」と関係あるかと推測したから（2年生）。『平均を保っている』＝持は「保持」、平は「平均」を連想した（3年生）。

C-c. (中状式)：『常備する』＝「持つ」と「平」時（2年生）。[19]

D. 文脈のみから判断：『土台』＝「この4年で基本持平」だから基本的な土台となる部分を築いたということだと思った（1年生）。『変わらない』＝4年間で変化がないという意味で推測した（2年生）。

E. その他：無し。

F. 未記入

"持平"は前後2つの語素を関連付けて推測している学生の割合が最も高く、正しい語構成を把握できている学生の割合も同様に非常に高かった。そして得点率も最も高く（$M = 2.64$, $SD = 0.75$）、多くの学生が正答もしくは正答に近い解答であった。これは文脈から比較的推測しやすかったことに加え、語意の透明性が高く、漢字から日本語或いは中国語の意味も連想しやすかったことが要因として考えられる。

3.8.7.2 学習者の語素義の認識

"持平"も学年が上がるにつれて、語素を利用する学生の数が増えていた。"持平"の"持"の語素義を利用した学生は、ほとんどが「保持」や「維持」といった正しい意味をつかむことができており、"平"もおおむね正しい意味を理解することができている。

表37 "持平""持"の語素義

順位	語素義	1年	2年	3/4年	人数計	平均点（SD）
1	保持、維持、保つ、持続、持ちこたえる、継続、keep	24	27	31	82	2.80（0.43）
2	その他：保存、常備する	1	1	0	2	0.00（0.00）
全体		25	28	31	84	2.74（0.60）

表38 "持平""平"の語素義

順位	語素義	1年	2年	3/4年	人数計	平均点（SD）
1	平ら、平行、水平、平坦、一定、まっすぐ	23	30	28	81	2.86（0.38）
2	平均、基準	1	1	3	5	2.20（0.84）
3	平安、安定	3	0	0	3	2.33（0.58）
3	平時、普段	0	1	2	3	1.33（1.15）
全体		27	32	33	92	2.76（0.54）

3.8.8 述補式"推翻"

3.8.8.1 学習者の語素の利用率

本調査では述補式（述补式）の語をもう1つ取り扱っている。以下は"推翻"の調査結果である。なお2年生のうち1名、3・4年生のうち5名、計6

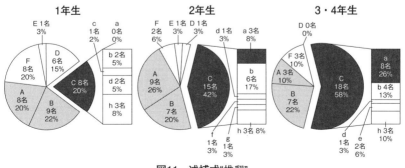

図11 述補式"推翻"

名の学生が“推翻”を知っており、解答も正しかったため、データから排除
している。

A. 前の語素のみ使用：『推敲する』＝論述を「推○する」と書くなら推敲
　　かと考えて（1年生）。『推測』＝「推測する」の「推」の漢字が共通だ
　　から（2年生）。

B. 後の語素のみ使用：『翻訳する』＝「翻」が翻訳の翻だから（1年生）。『ひ
　　るがえす、変える』＝「翻」が日本語で「ひるがえす」と読めるから（2
　　年生）。『ぱらぱらめくる』＝“翻”とあるので、めくるのと関係あるの
　　かと思った（2年生）。『意見を変える』＝「翻」にくるってするイメージ
　　が強い。あとは文意が通じるように（3年生）。

C. 前後2つの語素を関連付け
　　C-a. 述補式（述补式）：『ひっくり返す』＝論述を「推して翻する（ひっく
　　　　り返す）」という風に推測しました（3年生）。『一転させる』＝「翻」
　　　　をひるがえすの意味に捉え、「推」から強引な動きを連想し、後に続
　　　　く“他的论述”とあわせて「考えを押しひるがえす」→「考えを
　　　　ひっくり返す」→「考えを一転させる」（3年生）。
　　C-b. 並列式（并列式）：『論を展開する』＝「推す」「翻す」のように力強
　　　　く物事を進めるという意味だと思った（2年生）。『添削する』＝「推
　　　　敲」の「推」、「翻訳」の「翻」から→考えて改める・新たなものに
　　　　する→添削する、の意だと推測（3年生）。
　　C-c. 連体修飾式（定中式）：『推測の訳』＝字から（1年生）。
　　C-d. 述目式（述宾式）：『訳す』＝翻訳を推測する（1年生）。
　　C-e. 目述式（宾述式）[20]：『言葉に表現する』＝推測したことを言葉に翻訳す
　　　　るのかということだと考えたため（3年生）。
　　C-f. 連用修飾式（状中式）：『すすんで翻訳する』＝“推荐（推薦する）”
　　　　“翻译（翻訳する）”積極的に翻訳（2年生）。
　　C-g. （中状式）[21]：『強く推す』＝「翻」が「推」を強調しているように考え

第3章　短文の中での学習者の語彙習得

たから（2年生）。

C-h. 2つの語素を使用しているが、その関係性の判別が難しいもの：『批評する』＝「推」は「推測」、「翻」は「翻訳」と連想。論述が目的語なので（3年生）。

D. 文脈のみから判断：『添削する』＝ "論述" が論述だと思い、それに関連する動詞は添削だと思ったから（1年生）。『思考』＝論述の前段階で思考……？（1年生）。『コピペする』＝「どうやって」と「論述」というのからイメージした（2年生）。

E. その他：『探す』＝ネットの「検索」という意味が「推翻」みたいな字面やったような（2年生）。

F. 未記入

　"推翻" は "差遣" に次いで得点率が低く（$M = 0.64$, $SD = 1.12$）、2つの語素を利用していても正しい語構成を把握できていない学生が多かった。述補式の複合語は、本来であれば後ろの語素が結果や状態を表すのだが、今回のテストでは多くの学生が "推翻" の "翻" を「翻訳」という動作行為を表していると捉えたことがその原因の1つとして考えられる。

3.8.8.2　学習者の語素義の認識

　"推翻" の "推" の語素義は2年生と3・4年生は「推し進める」という正しい意味を把握できている学生の人数が最も多いが、1年生は「推測」「類推」という意味で捉えている学生が最も多い。次に "翻" は1年生と2年生は「翻訳」という意味で捉えている学生の人数が最も多く、やはり学習歴が長くない場合には日常生活でも使用頻度が高く、馴染みがある語を連想する傾向にあることを示唆している。"推翻" の "推" を「推敲」と考えた学生の中には、後ろの語素の "翻" を「翻訳」の意味で捉えたため、「翻訳を推敲する」と理解した者もいる。一方で3・4年生になると、"翻" を「翻す」「くつがえす」「ひっくり返す」といった正しい意味で把握できる学生の数が

77

最も多くなっている。そして、「翻す」の意味で語素義を捉えることができていると、得点率も高くなっている（$M=2.40$, $SD=0.96$）ことがわかる。

表39　"推翻""推"の語素義

順位	語素義	1年	2年	3／4年	人数計	平均点 （SD）
1	推し進める、進める、おし広げる、押す	3	9	10	22	1.36 （1.17）
2	推測、類推	11	5	4	20	0.05 （0.22）
3	"推荐"、推薦、すすめる	0	5	3	8	0.00 （0.00）
4	推敲	2	3	2	7	0.00 （0.00）
5	その他：了解、オッケー、引用する、未然であること	0	2	2	4	1.00 （1.41）
全体		16	24	21	61	0.57 （1.01）

表40　"推翻""翻"の語素義

順位	語素義	1年	2年	3／4年	人数計	平均点 （SD）
1	翻訳、"翻译"	11	8	7	26	0.00 （0.00）
2	翻す、くつがえす、変える、ひっくり返す	3	6	16	25	2.40 （0.96）
3	展開する、進める	0	2	2	4	0.75 （0.50）
4	理解する、解釈する	1	2	0	3	0.00 （0.00）
5	（ページを）めくる	0	2	0	2	0.50 （0.71）
6	その他：強調する働き、「"翻"の字から考えた」と記述しているもののどのように解釈したのか判別不明	2	2	0	4	0.25 （0.50）
全体		17	22	25	64	1.07 （1.31）

3.8.9　述目式 "安分"

3.8.9.1　学習者の語素の利用率

　述目式（述賓式）は前の語素が動作行為を表し、後ろの語素が動作行為の対象を表す。ここでは"安分"を扱った。

第3章　短文の中での学習者の語彙習得

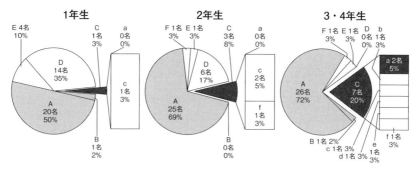

図12　述目式"安分"

A. 前の語素のみ使用：『幸せ』＝結婚した後の話であり「安」という漢字も含まれるのでそう考えた（1年生）。『落ち着く』＝安静の「安」から。「分」は正直あまり深い意味がないのかなと思い考慮していない（4年生）。

B. 後の語素のみ使用：『幸せ太り』＝「分」には何かの分量という意味があり、結婚した後に増えるものといえば脂肪だと考えた（3年生）。

C. 前後2つの語素を関連付け

　C-a. 述目式（述宾式）：『安定して暮らすこと』＝安全に分相応の生活を暮らすことだと考えた（3年生）。

　C-b. 並列式（并列式）：『安らかで分別がある』＝「安」と「分」のつく言葉を思い浮かべた（3年生）。

　C-c. 連体修飾式（定中式）：『幸せな時間』＝「安」は安心、「分」は時間→幸せな時間（2年生）。

　C-d. 連用修飾式（状中式）：『共感すること』＝「安心」して「分」かちあうことと考えた（4年生）。

　C-e. 主述式（主谓式）：『心配事』＝「安心」が「分散」すると考え、「結婚後～が増えた」という文脈から「心配事」（3年生）。

　C-f. 目述式（宾述式）[22]：『幸せに』＝「安心」が夫婦に「分」けられている（2年生）。

D. 文脈のみから判断：『子供を生む』＝"多了"から結婚した後に子供を

79

たくさん生んだのだと思った（1年生）。『幸せだ』＝結婚して多くなるものといえば幸せだと思った（1年生）。

E. その他：『浮気』＝最近よく聞くので（3年生）。

F. 未記入

"安分"に関しては2つの語素を関連付けている学生の割合は非常に低く、前の語素"安"のみを使用している学生がどの学年でも半数以上であった。また2つの語素を利用していても、正しい語構成をつかめていた学生は非常に少なく、調査協力者全体の中でわずか2名にすぎなかった。これは"分"が何を意味するのかイメージが涌き辛かったことと、"安"を動詞性の語素と理解できた学生が多くはなかったためであると思われる。

3.8.9.2　学習者の語素義の認識

多くの学習者は"安分"の"安"の語素義のみを利用して推測しており、"分"を利用した学習者は全体でわずか13名にすぎず、これは出題語の中で語素を利用した学生が最も少ないケースであった。

"安"に関しては、「彼は結婚して〜」という文脈ともあうことから「安心」「安らか」「安らぐ」という意味で捉えた学習者が最も多く、結果として正しい答えに導くことができず、得点率も低かった（$M = 0.77$, $SD = 0.88$）。"分"の語素義は、本来は"身份（身分）"の"份"なのだが、"份"の字が簡略化されていることもあり、「身分」という意味であると気がついた学生は1人もいなかった。そしてやはり、日常での使用頻度が高い「分ける」「分かれる」「分散」といった意味で理解した学生が最も多い。中には「時間（1分、2分）」や「分量（太った）」と考えた学生もいるのだが、人数は多くはないものの、日本語の慣用表現から「分にあう」や「分相応」を連想した学生がおり、これらの学生は正しい意味を推測することができていた。

第3章　短文の中での学習者の語彙習得

表41　"安分""安"の語素義

順位	語素義	1年	2年	3／4年	人数計	平均点 (SD)
1	安心、安らか、安らぐ	12	9	14	35	0.51（0.74）
2	安定、安泰、落ち着いている	7	12	15	34	1.50（0.66）
3	プラスイメージ	0	4	2	6	0.00（0.00）
4	幸せ	2	3	0	5	0.00（0.00）
5	"安排"	0	0	2	2	0.00（0.00）
全体		21	28	33	82	0.84（0.87）

表42　"安分""分"の語素義

順位	語素義	1年	2年	3／4年	人数計	平均点 (SD)
1	分ける、分かれる、分散、"分手"	0	1	4	5	0.00（0.00）
2	分量	0	0	2	2	0.50（0.71）
2	時間	1	1	0	2	0.00（0.00）
4	分にあう、分相応	0	0	1	1	3.00（0.00）
5	その他：（世代、分別がある）、不明	1	1	1	3	0.67（1.15）
全体		2	3	8	13	0.64（1.15）

3.8.10　学習者の漢字知識の利用より考察

　図4〜図12円グラフ中の黒い部分Cは、学生が複合語の前後2つの語素を関連付けて解答を導いている割合を表しているが、学年が上がるにつれて円グラフCの割合は高くなる傾向にあり、逆に文脈のみに頼って意味を推測する学生（円グラフ中のD）は減っていくことがわかる。学生の解答の中には目的語＋述語（宾语＋述语）といった、中国語にはない語構成のものも見られたが、図4〜図12棒グラフの黒い部分も学年とともに割合が高くなる傾向にあり、学習期間に応じて正しく語構成を把握することができるようになっていくことを示唆していると言える。併せて表25〜表42を見ると、学習期間に応じて、語素を利用して語彙処理をする学生の割合が高くなっており、学習

81

歴が長くなると、正しい語素義をつかめるケースが増える傾向にあることもわかった。

　中国語の未知語の意味推測に関する過去の先行研究を見ると、刘颂浩(2001)は未知語の意味推測において並列式の語が最も推測しやすく、次に偏正式、その他の語構成は推測の難度が上がると考えている。郭胜春(2004)、江新・房艳霞(2012)においては、偏正式は述目式よりも推測しやすいとしている。しかし干红梅(2009)の実験では偏正式が並列式よりも推測の正答率が高いという結果になっており、その見解は一致していない。表2のテスト結果を見ると、述目式の得点率が著しく低いという点では先行研究と合致しているが、並列式・偏正式は同じ語構成でも語によって得点率にばらつきが見られる。では、何故このような結果となったのだろうか。以下、その要因を言語的側面から考えてみたい。

(1) 語素の多義性

　刘颂浩(2001)および朱湘燕・周健(2007)では、語素の多義性が未知語の意味推測にもたらす影響が指摘されており、3.7.2で学習者が未知語の意味推測を失敗する原因を分析した際にも、語素の多義性によるものが失敗の原因としては最も多かった。

　本調査では、"差遣"の"差"を1・2年生では「差(さ)」「違い」の意味で捉えている学生が最も多く、学習者の学習歴が短い場合、日本語の漢字で使用頻度が高い意味、馴染みがある意味で捉える傾向にあった。また全体では"差"を"差chà"「悪い」「劣っている」「ひどい」という意味で捉えた学生が多く、学習者は初級の段階で学習する意味を最初に思い浮かべがちであるという可能性も示唆された。"推翻"に関しても、"推"を1年生では「推測」「類推」という意味で捉えている学生が最も多く、"翻"は1年生や2年生は「翻訳」という意味で捉えている学生の人数が最も多かった。"安分"の"安"は「安心」「安らか」「安らぐ」という意味で捉えた学習者が最も多く、"分"もやはり、日常での使用頻度が高い「分ける」「分かれる」「分散」

といった意味で理解した学生が最も多い。

　上記の事例は全て、学習歴が短い場合は使用頻度のより高い意味、馴染みのある意味で捉える傾向にあることを示唆しており、多義性の語素はその漢字だけを見ると学習者は理解を誤ることがあるということが考察された。

(2) 語意の透明性

　語意の透明性（semantic transparency）とは、中国語においては語素の意味から全体の語の意味が推し測れる程度を指し、語素の意味と語全体の意味の相関性が高い場合は、透明性が高いとされる。今回の調査の出題語では"眉目"が「眉」とも「目」とも直接的な関係がなく、透明性が低い語（opaque word）であると言える。そして、学生たちにとっても意味の推測が難しかったと見られ、テストでの得点率も低かった。このことからも、漢字知識を活かせない語の場合、学習者にとっては意味の把握が難しいということが推察される。

(3) 母語干渉

　本調査では、学生が語意を推測する際、中国語にはない日本語特有の語や表現に影響を受けているケースが度々見られた。"眉目"の"眉"を「眉をひそめる」「眉唾」「眉目秀麗」といった日本語の慣用表現から解釈をしたり、"川劇"の"川"を「川柳」と連想づけたり、日本語では「河川」を直接「川」と表現するために「川」に関係あるものと考える学生も多かった。また"涼席"の"席"から「寄席」や「会席料理」といった、日本語にしかない語を連想しているケースも見られ、これらはL1の干渉を受けていると考えることができる。調査対象者全体を見ると、特に1年生がL1の影響を受けているケースが多く、やはり学習歴が短い場合には日本語で馴染みがある意味で捉える傾向にあると言える。

(4) 漢字の字形

　調査の母数が少ないフォローアップインタビューでは見られなかったが、調査対象者全体の分析の中では、少数ではあるが、字形の似た漢字と間違えて捉えている解答が見られた。"眉目"の"眉"を「媚」や「矛盾」と理解したり、"涼席"の"涼"から"原谅（許す）"や"吃惊（驚く）"といった、旁が同じ漢字を使った語を誤って連想しているケースも見られた。

　郭胜春（2004）の先行研究でも語の意味の誤推測を生む原因として漢字の字形が似ているものを挙げているが、郭胜春（2004）の研究は非漢字圏の学習者を調査対象としている。しかし本調査での結果は、日常で漢字を使用する日本語母語話者であっても、同様のケースは起こりうるということを明示していると言える。

　上述の考察からも、日本語を母語とする学習者が語彙知識を獲得する際に漢字は様々な形で影響を与えていることがわかる。そして語素義を正しい意味で把握できた場合は、テストでの得点率も高く、未知語の推測に成功するケースが増えることも確認された。その一方で、学習歴が短い場合は、語を構成する漢字を見た際に、語素義を日本語での使用頻度が高い意味や馴染みのある意味で捉える傾向にあるということも示唆された。

3.9　第3章まとめ

　本調査を通して、日本語を母語とするCFL学習者は、未知語を処理する際に日本語の語彙知識や漢字知識の影響を非常に強く受けていることがわかった。他言語の学習者と比較してもL1の知識を多用していると考えられ、特に成績下位の学習者はL1知識のみに頼り、語彙知識の獲得に失敗してしまいがちであった。また、学習者は語素の多義性にも惑わされやすく、初級の段階では日本語で使用頻度が高い意味、学習者にとって馴染みがある意味に捉える傾向にあり、使用頻度が低い語素義はその理解を誤りやすいというこ

ともわかった。しかし学習歴が長くなると、語素義や語構成を正しく把握できるようになっていき、特に優秀な学習者はL1知識だけに頼るのではなく、他の複数の知識源ともかけあわせて、漢字知識を適切に活かしていることが考察より明らかになった。

　以上のことより、漢字知識を利用した瞬間的な語彙処理（「語の同定」）だけで終わらせず、文やその他の情報と照らしあわせるというプロセス（「意味の創出」）を踏むことで、既知の漢字知識を活かし、より学習者の習得の効果を上げることができると考えられる。教師が指導をする際にも、漢字にはいくつかの意味があること、日本語とは異なるケースがあるということを早い段階で指導し、漢字だけを見るのではなく広い視野を持つことを学習者に意識させることが必要であると思われる。

【注】

[1]　"差"や"凉"は非常に近い字形と見なす。また学生は1年生で使用している教科書において"京劇（京劇）"という単語を学んでおり、"川劇"の"劇"が日本語の「劇」に相当すると理解できると判断した。

[2]　"差遣"の"差"の「人を差し向ける」という意味や、"推翻"の"翻"の「翻す」「ひっくり返す」のように、日本語ではそれほど使用頻度が高くない意味もあるが、正しい意味を推測できていた学生は一定数存在していた。

[3]　学生が当該語に関して「知っていた」と答え、なおかつ語の意味も正答だったものは、統計の際に母数から排除した。

[4]　この2名の学生は中国にルーツを持つ継承語としての中国語学習者である。

[5]　語彙テストは学年度末に実施したため、インタビューは年度明けの新学期に行っている。そのため、インタビュー時には学生はそれぞれ2年生、3年生に学年が上がっている。

[6]　学生の発話内容に関して、「　」は学生が日本語で発話し、【　】は中国語で発話していることを表す。なお、（ ）は中国語の日本語訳および補足説明である。

[7]　ここでは語彙テストにおいて、得点が2点以上であったものを正解として分類している。

[8]　学生が1年生の時に使用していた中国語の教科書の名称。

［9］　表12では*M*が各知識源の使用回数の平均値を表し、*SD*が標準偏差を表す。

［10］　知識源の使用率＝各知識源の使用数／知識源総使用数×100

［11］　語彙テストにおいて、得点が2点以上であったものを正解として分類している。

［12］　日本語の「出入り」にも「超過と不足」「過不足」などの意味があるが、学生3gはそのようには解釈していなかった。

［13］　ここで学生3fは"推荐"を"tuīcùn"と読んでいる。本来は"tuījiàn"と読む。

［14］　学生2Dは「気遣い」を「差し込む」と解釈し、「気づかう」（本人表記のまま）と解答している。

［15］　学習者の誤答の推測過程を分析し、誤答に導いた原因の出現頻度を算出している。表24の数字はそれぞれのグループにおける学生1人あたりの平均値と標準偏差で、*M*が出現回数の平均値を表し、*SD*が標準偏差を表す。

［16］　（ ）内の日本語訳は学生が記述した説明ではなく、筆者による訳である。以下同様。

［17］　目的語＋述語（宾语＋述语）。実際の中国語の語構成にはないパターン。

［18］　"工业gōngyè"と"功课gōngkè（宿題）"を混同している可能性が考えられる。

［19］　動詞性の語素＋修飾する成分の語素（中心语＋状语）。実際の中国語の語構成にはないパターン。

［20］　目的語＋述語（宾语＋述语）。実際の中国語の語構成にはないパターン。

［21］　動詞性の語素＋修飾する成分の語素（中心语＋状语）。実際の中国語の語構成にはないパターン。

［22］　目的語＋述語（宾语＋述语）。実際の中国語の語構成にはないパターン。

第4章　長文読解の中での学習者の語彙習得

　過去の読解ストラテジー研究においては、未知語の意味推測は学習者が最もよく使うストラテジーであると実証されている（Fraser 1999など）。L2読解における未知語の意味推測は、読解と語彙学習の両領域が重なり合った問題でもある。つまり、読解にも語彙知識の増進にも未知語の意味推測が必要である一方で、意味推測の成功には読解力と語彙知識の両方が要求されるという双方向の関係が認められる（Koda 2005）。L2読解における未知語の意味推測は、読解という言語処理に焦点を当てた場合には、読解ストラテジーの一部として、語彙という言語知識の習得に焦点を当てた場合には、付随的語彙学習の方法の1つとして扱われることになる。また、L2での読解において、未知語を推測することは、内容把握だけでなく、付随的語彙学習を促し、語彙学習には不可欠なストラテジーであるとも言われている（Koda 2005；Nassaji 2003，2006；Pulido 2007）。

4.1　調査内容

4.1.1　調査目的

　第3章の調査では1年生も調査対象としていたため、学習期間が1年に満たない学習者に長文を用いて調査を実施するのは難しく、短文を用いて調査を行った。また、記述式のテストと回顧法によるフォローアップインタビューを調査手法として用いたため、学習者が未知の語に遭遇したその瞬間に具体的に何を考え、どのようなストラテジーをとり、どのような現象が見られるのか、詳細を知るには限界があった。

　本章では第3章とは異なり、長文を調査材料として、学習者が読解活動の

過程でどのように未知語を処理するのかを調査している。読解活動の中で学習者が何を頼りに、どのようなプロセスを踏んで新しく出会った語を処理するのか、そして付随的語彙学習はどのように起き、どのように語彙習得に結びつくのかを調査を通して考察したい。

4.1.2　調査方法

　本章での調査には下記の2種の調査方法を組みあわせた。

(1)　語彙テストによる調査

　学習者に教科書の中の課文[1]を辞書を使用せずに読んでもらい、読解活動前、読解活動後、読解活動2週間後の計3回、同じ内容の語彙テストを実施して、どのような変化が見られるかを調べた。語彙テストはWesche & Paribakht（1996）の語彙知識スケールVKS（Vocabulary Knowledge Scale）に基づいて作成し、3回のテストの過程で対象語がどの段階まで習得されているのかを分析した。VKSは語彙知識、主に受容語彙および産出語彙の発達度合いを評価することができるとされており、他言語における研究でも多く採用されている。

(2)　思考発話法による調査

　学習者が読解活動の中でどのように未知の語を処理し、どのようなプロセスで付随的語彙学習が起こり習得につながるのかを調査するため、思考発話法（think aloud）を用いた。思考発話法とは質的研究における調査法の1つで、調査協力者が読解や作文などのタスクと同時に、頭の中で考えていることを発話するという調査手法である。発話を記録したプロトコルデータは、調査協力者の思考過程を反映していると考えられており、本調査では、調査協力者に読解過程や頭の中で考えていることを発話しながら文章を読んでもらった。調査中は調査協力者の了解を得た上で、ICレコーダーで録音、iPad

を用いてビデオ撮影をし、調査協力者の発話プロトコルデータを収集した。収集したプロトコルデータは全て文字化した後にプロトコル分析を行った。プロトコル分析はもともと心理学の分野の研究によく利用されていたが、現在では言語習得の分野でも、目に見えない学習者の習得メカニズムを分析する手段として認知プロセスの研究などで利用されている。

4.1.3　調査対象者

　3.2.2の調査協力者のうち、2年生の成績上位者5名、3年生の成績上位者5名の計10名の学習者を調査対象としている。なお、第3章と同様に2年生の学生5名をそれぞれ2A、2B、2C、2D、2E、3年生の学生5名を3A、3B、3C、3D、3Eと記号化し仮名にしている。

4.1.4　調査材料

　読解活動には下記の教材を使用し、課文の中から"生词（新出单语）"に挙げられている語を中心に、学習者が知らない可能性が高いと思われる語彙を選び、その中から極度に使用頻度が低い語と専門用語を除いた各11語を抽出してテストに出題した。

　2年生：《博雅汉语中级冲刺篇Ⅱ》第六课 左撇子（402字／11文）
　左撇子、门柄、排挡、吃力、厂商、颇感、高尔夫球、鱼竿、绕线栓、冰箱、萨克斯管
　3年生：《博雅汉语高级飞翔篇Ⅲ》第八课 基因时代的恐慌与真相（665字／18文）
　粮食、基因、和谐、从事、享用、造福、奥秘、料到、无穷、炸毁、失调

　《博雅汉语》は中国国内で出版されている、外国人学習者向けの代表的な中国語教材で、2年生への調査で使用した教材は中級の第2巻、3年生に使

用した教材は上級の第3巻である。なお、調査を実施した大学の外国語学部中国語専攻では、2年生の授業で《博雅汉语中级冲刺篇Ⅰ》（中級第1巻）を使用している。そして3年生の調査に使用した《博雅汉语高级飞翔篇Ⅲ》は、《博雅汉语》シリーズの最終巻であり、超上級者向け教材と位置づけられている。つまりは、各学年の学生の調査時には、学習者の言語能力と比較して、やや難度の高い教材を読解材料として使用していることを意味する。

　以下は、読解材料である各課文の原文と日本語訳で、丸付き数字は文番号を表す。下線部分は語彙テストに出題している語を表す。

2年生向け読解材料《左撇子》

左撇子

①世界上大约有三亿人是天生的<u>左撇子</u>。②像拉门柄、拉拉链、扣纽扣、扳汽车<u>排挡</u>、拿剪刀、开瓶塞罐头，诸如此类的事使他们感到非常<u>吃力</u>。③人们在设计这些东西时往往忽视<u>左撇子</u>的需要，因而给他们造成了不少麻烦，有时甚至使得他们感到十分沮丧。

④直到一百多年前，人们才为<u>左撇子</u>做了一些微不足道的努力。⑤人们为他们制造了右手柄上附有一面镜子的剃须杯。⑥不过总的来说，人们对<u>左撇子</u>在日常生活中所遇到的问题还是很少关注的。

⑦如今，人们开始认真考虑起<u>左撇子</u>的需要了，因为<u>左撇子</u>的人数相当可观，仅在美国，就至少有1800万人。⑧为了满足<u>左撇子</u>的需要，<u>厂商</u>发明出许多新的商品和服务项目。⑨譬如，<u>左撇子</u>运动员一度对右手使用的运动器械<u>颇感</u>不便，现在他们可以买到适用于他们的运动器械了。⑩<u>左撇子</u>使用的步枪、垒球手套、<u>高尔夫球棍</u>、<u>鱼竿绕线栓</u>以及滚木球，都已相当普遍。⑪此外，人们还制造出<u>左撇子</u>使用的镰刀，门柄装在右边的<u>冰箱</u>，<u>左撇子</u>使用的小刀，甚至<u>萨克斯管</u>。

左利き

①世界には生まれつきの左利きがおおよそ3億人いる。②例えばドアノブを引く、ファスナーを引く、ボタンをかける、車のギアを入れる、ハサミを持つ、ボトルの栓や缶詰を開ける、こういったことは彼らにはとても骨が折れるのだ。③人々はこれらのものをデザインする際に、左利きの人のニーズを軽視しがちであり、それゆえ左利きの人には少なからず不都合が生じ、時には彼らを失望させてしまうことすらある。

④百何年か前になって人々はようやく左利きの人たちのためにわずかながらの努力をするようになった。⑤人々は左利きの人たちのために右手の取っ手に鏡の付いた、ヒゲそり用カップをつくり出した。⑥しかしながら、総じて言うと、左利きの人が日常生活で直面する問題への人々の関心はやはりとても薄かった。

⑦今では、人々は左利きの人々のニーズを真剣に考えるようになってきている。これは左利きの人数が相当数であるためで、アメリカだけでも少なくとも1800万人は左利きの人がいる。⑧左利きのニーズに応えるために、メーカーは新しい商品やサービスをたくさん発明している。⑨例えば、かつて左利きのスポーツ選手は、右利き用の運動用品にとても不便を感じていたが、現在は彼らも自分に適した運動用品を買うことができるようになった。⑩左利き用のライフル、ソフトボールのグラブ、ゴルフクラブ、釣りざおのリールやボウリングなどは、既にかなり普及している。⑪この他に、人々は左利き用の鎌、取っ手が右側についた冷蔵庫、左利き用のナイフやさらにはサックスまでもつくり出した。

3年生向け読解材料《基因时代的恐慌与真相》より"生物技术的是非非"

生物技术的是非非

⑫今天我们所食用的、所役使的粮食、蔬菜、家畜、家禽，就都是几千年来通过人工选择所创造出来的新物种。⑬基因工程不过是使这个创造

过程更有意识、更有效率而已。⑭如果我们真的相信"任何人为的东西都不如自然的生命那么和谐"，那么我们就应该回到吃野菜、打野兽的野蛮时代。

⑮我们不能仅仅根据目前的利益而决定如何从事科学研究。⑯现在没有价值的研究，以后有可能带来无限的价值。⑰现在只供少数人享用的技术，以后也可能造福大众。⑱今天为无数患者带来福音的基因工程，起源于科学家对生物遗传奥秘的好奇。⑲当限制性内切酶在1970年被发现的时候，没有人料到它们会迅速地带来这场医学革命。⑳甚至是那些目前看来有百害无一利的"坏"技术，也未尝不可以变害为利。㉑比如核武器技术，能毁灭人类，在许多人看来应属于祸害无穷。㉒但它却也能成为拯救人类的技术。㉓地球总有一天会再次被大流星撞上导致物种大灭绝，在预测到这种情况时，发射核武器将流星炸毁或改变轨道，是目前我们所能想到的拯救地球的惟一办法。

㉔如果我们能够同意，遗传设计在某些条件下是可取的，那么是否应该把这种权利完全交给父母，而政府并不加以干涉？㉕个人的选择有时会危及人类社会的利益。㉖最简单的一种遗传设计是选择后代的性别，这是目前就可以做到的。㉗在传统社会中，父母倾向于生男孩，如果允许他们自由选择后代的性别，必然会导致性别比例的失调，造成严重的社会问题，这是在某些国家已经出现的，而在这些国家，也都因此禁止对婴儿的性别进行选择。㉘在未来的遗传设计中，无疑还会有类似的社会问题出现。㉙如何处理个人自由与社会利益的矛盾，并没有简单的答案。

バイオテクノロジーの是非

⑫今日我々が食用にしたり利用したりしている穀物や野菜、家畜や家禽などは全て、数千年にわたる人為的な選定によってつくり出された新種である。⑬遺伝子工学は、この創造のプロセスを、より計画的に、より効率的にしているだけにすぎない。⑭もしも我々が本当に「いかなる人工的なものも全て自然の生命ほどには調和がとれていない」と信じる

第4章　長文読解の中での学習者の語彙習得

のであれば、我々は野草を食し、獣を捕まえていた文明前の時代に戻らなければならない。

⑮我々は目先の利益だけで、科学の研究にいかに携わるかということを決めてはならない。⑯現在は何の価値もないような研究でも、今後、無限の価値をもたらすようなことがあるかもしれない。⑰現在わずかな人のみが享受している技術であっても、この先多くの人に恩恵をもたらすかもしれない。⑱今日数えきれないほどの患者に福音をもたらしている遺伝子工学も、生物遺伝の謎に対する科学者たちの好奇心がその始まりにある。⑲制限エンドヌクレアーゼが1970年に発見された当時は、これほど急速な医学改革をもたらすことになるとは誰も予想だにしなかった。⑳今は「百害あって一利なし」と思われているような「悪」の技術でも、「害」が「利」に変わりえないということはないのだ。㉑例えば核兵器は人類を破滅させることが可能であり、多くの人はその害は限りないものに違いないと考えている。㉒だが、核兵器は人類を救う技術ともなりうる。㉓地球はいつかまた巨大彗星の衝突によって種が大絶滅する日が来るかもしれない。そのような事態を予測した場合、核兵器を発射して彗星を爆破したり軌道を変えたりすることは、目下、我々が思いつく地球を救う唯一の方法である。

㉔もしも一定の条件のもとで遺伝子操作ができると容認されるのであれば、その権利は完全に両親に委ねるべきなのだろうか？　政府は介入すべきではないのであろうか？　㉕個人による選定は、人類社会の利益を脅かすことがあるかもしれない。㉖最も簡単な遺伝子操作の1つに子孫の性別の選択があるが、これは現在では実現可能なものである。㉗伝統社会において、親は男の子を欲しがる傾向にある。もしも親が子孫の性別を自由に選べるようになると、男女の比率のバランスが崩れ、深刻な社会問題を引き起こすのは必至であろう。これは、とある国では既に起きている問題であり、これらの国ではそれゆえ赤ん坊の性別の選択が禁止されている。㉘将来、遺伝子操作において、同様の社会問題がまた

93

起こるのは目に見えて明らかである。㉙個人の自由と社会の利益という矛盾にいかに対処すべきか、それには決して簡単な答えはないのだ。

以下は語彙テストの一例である。調査協力者は出題語に関してaからeより1つを選択し、c、d、eを選択した場合には適当な意味もしくは文を記入してもらった。

左撇子

a.　以前にこの語を見たことはない。

b.　以前にこの語を見たことはあるが、意味はわからない。

c.　以前にこの語を見たことがある。

　　　この語の意味は＿＿＿＿＿＿＿＿＿と思う。

d.　この語の意味を知っている。意味は＿＿＿＿＿＿＿＿＿。

e.　この語を使って文を作ることができる。

　　　＿＿＿＿＿＿＿＿＿＿＿＿＿＿＿＿＿＿＿。

（eを選択した場合dについても解答すること）

4.1.5　調査の流れ

調査は以下の流れにしたがって実施した。

(1)　読解活動前の語彙テスト（第1回テスト）

(2)　練習：サンプルを用いて調査者がthink aloudを実施

(3)　練習：サンプルの続きを用いて調査協力者がthink aloudを実施

(4)　課文に目を通し、知らない単語に下線を引く

(5)　本番：課文を用いてthink aloudを実施

(6)　読解活動後の語彙テスト（第2回テスト）

(7)　2週間後の遅延テスト（第3回テスト）

第4章　長文読解の中での学習者の語彙習得

　まず最初に、学生が何も見ていない状態で第1回の語彙テストを行う。次に、think aloudをどのように行うのかを説明し、筆者自身がサンプルの読解材料を用いてthink aloudの手本を学生に見せる。筆者が文章の途中までthink aloudを行ったところで、学生と交替し、学生は続きの文章を読みながらthink aloudを練習する。この時、学生が読解材料の内容を単に翻訳するだけにならないよう、心の中で思っていることや考えていることを、そのままつぶやくように気楽に話すよう指示をする。学生がthink aloudのコツをつかんだところでいったん練習を終了し、今度は本番用の読解材料を渡して、まず学生に文中の知らない単語に下線を引いてもらう。学生が下線を引き終わったら、文頭からthink aloudを実施する。think aloudの途中で、学生が内容理解を間違えたり、わからない箇所があっても、筆者から指摘や説明はせず、極力、学生の自然な発話にまかせるようにする。読解が全て終わったところで、2〜3分雑談を行い、その後、第2回テストを実施する。テスト終了後は、学生にはそのまま帰宅してもらい、2週間後に第3回テストを実施する。なお、学生には第3回テスト終了後に、本調査の趣旨と目的を説明している。[3]

　調査は1人ずつ実施し、（1）〜（6）までの調査時間は1人あたりおおむね1時間から1時間半程度であった。

4.2　語彙テスト結果

　ある語が「習得された」と見なす理想的な段階はもちろん産出ができることであるが、どの段階を「習得された」と考えるかは教師や研究者によって異なる。VKSでは学習者の内省報告により5段階評価によって対象語の習得の段階を報告してもらい、その報告を表43の基準にしたがって評価することになる。

　4.1.4の語彙テスト一例を参照されたい。調査協力者は、対象語について自身で語彙知識の深さのレベルをaからeの中から選択する。aとbの得点は、

95

それぞれ1点と2点になる。cは同義語やL1で対象語を正しく報告できた場合は3点、そうでない場合は2点となる。dとeは意味を間違えた場合は2点となる。またeで、対象語が文脈にあわない場合には3点、対象語が文脈にはあうが、文法的な使い方を間違えている時には4点になり、対象語を意味的にも文法的にも正しく使って文を産出することができた時には5点となる。つまり1点と2点は対象語の意味が未知であること、3点と4点は対象語を使うことはできないが、意味は知っているという受容の段階にあること、5点は産出も可能であることを示している。

　図13では上記の基準に基づき、読解活動前、読解活動後、読解活動2週間後それぞれのテスト結果を得点化し、その平均値を表している。読解活動前の得点は2年生（$M = 1.40$, $SD = 0.23$）[4]、3年生（$M = 2.00$, $SD = 0.51$）で、テスト出題語を全く見たことがない、或いは意味がわからないケースがほとんどであったが、読解活動直後には2年生（$M = 3.15$, $SD = 0.40$）、3年生（$M = 3.69$, $SD = 0.65$）と得点が上がり、出題語の意味を説明することができたり、場合によっては出題語を用いて文を作ることもできるようになっていた。2週間後の遅延テストでも2年生（$M = 3.05$, $SD = 0.56$）、3年生（$M = 3.35$, $SD = 0.70$）と、ある程度定着していた。Rott（1999）は未知語の意味推測に成功し、6日以上経っても記憶に残っていた場合は、当該語は「長期記憶」に入っていると主張している。これらのことより、本調査での読解活動を通して、2・3年生ともに学習者の付随的語彙学習は起きていたと考えることができる。

表43　VKSの評定基準

	得点	得点の意味
a	1	対象語への馴染みが全くない。
b	2	対象語への馴染みはあるが、意味はわからない。
c	3	同義語や第一言語で翻訳を報告できる。
d	4	文の中で対象語を意味的に正しく使うことができる。
e	5	文の中で対象語を意味的にも文法的にも正しく使うことができる。

（Wesche, M. & Paribakht, T. S. 1996）

第4章　長文読解の中での学習者の語彙習得

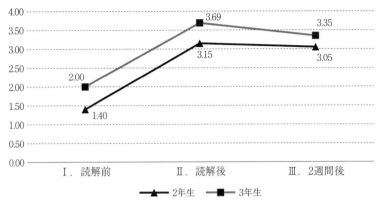

図13　VKS得点平均値の推移

表44と表45では出題語ごとにその意味と課文の中での出現回数、3回のテストの平均点と標準偏差の数値を表している。

表44　各出題語の平均点と標準偏差（2年生）

出題語	意味	出現数	読解前	読解後	2週間後
左撇子	左利き	12	1.0 (0.00)	4.9 (0.22)	4.2 (1.00)
门柄	ドアノブ、取っ手	2	1.0 (0.00)	3.6 (1.34)	3.6 (1.34)
排挡	（車の）ギア	1	1.0 (0.00)	2.0 (0.00)	1.8 (0.45)
吃力	骨の折れる	1	1.0 (0.00)	3.0 (1.22)	2.6 (1.34)
厂商	メーカー	1	1.0 (0.00)	3.0 (1.22)	2.8 (1.30)
颇感	とても、非常に〜と感じる	1	1.0 (0.00)	2.2 (0.45)	2.4 (0.55)
高尔夫球	ゴルフ	1	2.8 (2.05)	3.5 (1.41)	4.0 (1.41)
鱼竿	釣りざお	1	1.0 (0.00)	3.7 (0.97)	3.6 (0.89)
绕线栓	リール	1	1.0 (0.00)	2.0 (0.00)	1.8 (0.45)
冰箱	冷蔵庫	1	3.6 (0.89)	4.8 (0.45)	5.0 (0.00)
萨克斯管	サックス	1	1.0 (0.00)	2.0 (0.00)	1.8 (0.45)

97

表45　各出題語の平均点と標準偏差（3年生）

出題語	意味	出現数	読解前	読解後	2週間後
粮食	（穀類の）食糧	1	2.4 (1.67)	3.6 (1.34)	3.8 (1.10)
基因	遺伝子、ゲノム	2	3.0 (2.00)	4.0 (1.41)	4.0 (1.41)
和谐	調和がとれている	1	2.4 (0.55)	3.4 (0.89)	3.4 (1.52)
从事	携わる、従事する	1	2.8 (0.84)	3.4 (1.52)	3.2 (1.30)
享用	享受する	1	1.4 (0.89)	3.4 (1.14)	2.6 (0.89)
造福	幸福をもたらす、恩恵をもたらす	1	1.0 (0.00)	4.2 (0.84)	3.2 (1.30)
奥秘	神秘、謎	1	2.6 (0.89)	4.4 (0.89)	4.6 (0.55)
料到	予想する、予測する	1	1.4 (0.55)	4.6 (0.89)	4.0 (1.00)
无穷	限りない、尽きることがない	1	1.8 (0.84)	2.4 (0.89)	2.4 (0.89)
炸毁	爆破する	1	1.4 (0.89)	3.6 (1.14)	3.6 (1.34)
失调	バランスが崩れる	1	1.8 (0.84)	3.6 (1.34)	2.2 (0.45)

4.3　テスト結果分析

　まずはテスト結果から、どのような語が付随的語彙学習につながりやすかったのかを分析していきたい。

　4.2の表44を見ると、得点増加率が高かった"左撇子（左利き）""门柄（ドアノブ、取っ手）"は課文の中で複数回出現しており、学習者が得られる知識源の情報量が他の語と比べて多かったことが考えられる。また"门柄"と"鱼竿（釣りざお）"および表45の"造福（幸福をもたらす、恩恵をもたらす）"は、語素義から語全体の意味が推し測れる程度、「語意の透明性」が高く、学習者が既に持っている漢字の知識を活かしやすかったことが予測される。

　一方で、得点増加率が低く付随的語彙学習につながらなかった語には、表44"萨克斯管（サックス）"のように語意の透明性が低いもの、表45の"从事（従事）"や"无穷（無窮）"のように日本語と同じ意味であるにも関わらず、漢字の字体が異なるために学習者には意味の推測ができなかったもの、表44"排挡（ギア）"の"挡"や"绕线栓（リール）"の"绕"のように日本語では

馴染みがない漢字が使用されているものがある。これらは共通して、学習者が漢字知識を活かせず、語彙習得につながらなかったと考えることができる。

　上記のテスト結果もまた、日本語を母語とする中国語学習者の語彙習得には、知識源の情報量と漢字の知識を活かせるかどうかが大きな影響を与えていることを裏付けていると言うことができる。

4.4　学習者のケーススタディ

　それでは実際に学習者の発話プロトコルから、彼らが何を頼りにどのようなプロセスで未知語の意味を推測したのか、最終的に付随的語彙学習につながったのかどうかを見ていきたい。以下では調査に参加した学習者のうち、何名かのケースを取り上げる。

4.4.1　学生2Aのケース

4.4.1.1　学生2Aの語彙処理プロセス

　下記の黒枠内は学生2Aの発話プロトコル[5]である。2Aは課文に目を通し、知らない単語に下線を引いた後[6]に、以下のように発話している。

　以下、2A＝学生、＊＝筆者、下2桁或いは3桁の数字＝通し番号。

2A01：最初見た時は全く何もわからなかった（タイトルの"左撇子"を丸で囲む）。で、とりあえず(0.5)左が何か関係してるんかな、左（タイトルの"左撇子"の"左"の字を丸で囲む）、うん。で、1回読んで（全文の頭から最後までなぞる動作）、最初読んだ時に大体この辺（⑨"左撇子运动员"のあたりを指す）で、あっ左利きの人かなっていう見当がついたんで、です。

＊01：何をヒントにわかりましたか？　それは？

> 2A02：えっと、この辺から読んで（⑨ "左撇子运动员一度对右手" のあたり
> を指す）、大体、この左利きの人、右……（⑨ "左撇子运动员一度对右
> 手" をなぞる）【使用】っていう（⑨ "使用" を空で何度も丸く囲む）、
> この、このえっと、この単語？　で、あっ、この、あ、んで、
> うん、右手の人（0.5）が使用する（⑨ "右手使用" を指す）ってこ
> となんかなって思って、ここで（⑨ "右手使用的运动器械" をペン
> でなぞる）。そしたら、これの対比やろうって思って、左利きの
> 人（⑨の "左撇子" をペンで丸く囲む）がこの単語（タイトルの "左
> 撇子" を指す）。読み方はあまりわからないですけど。って、思っ
> たかな。見当つけた。

　2年生の調査に利用した読解材料はタイトルが "左撇子（左利き）" であ
り、語彙テストでもこの語を出題している。本調査では2年生の調査協力者
5名全員が "左撇子" を「知らない単語」として下線を引いていた。上記の
プロトコルデータは、学生2Aがタイトルの "左撇子" について述べている
発話である。"左撇子" は課文全体の中で合計12回出現するが、学生2Aは⑨
の文を見て "左撇子" の意味に気がついたと発話している。上記の発話プロ
トコル2A01では「左が何か関係している」、2A02では⑨の文より「右手の
人」が「使用する」ことからその対比として「左利き」という意味を導き出
している。ここでは、第3章で述べた知識源の中から、2Aは漢字のイメー
ジ（2A01、2A02）、談話（文脈）知識（2A02）と、2種類の知識源をかけあわ
せて利用していることが考えられる。

　なお第3章では調査に短文を用いたため、学習者の知識源の中で文脈知識
として分類していたが、本章では調査に長文を用いており、学習者は未知語
が含まれている1文を超えたさらに広範囲の文脈を知識源としているため
Nassaji（2003）の分類にあわせて、文脈知識を談話知識として分類する。

　以下は、学生2Aが読解活動の中でどのように未知の語を処理しているの
かがわかる一例である。丸付き数字は課文の原文で、黒枠内は当該部分に対

する学生2Aのthink aloudにおける発話プロトコルである。原文中の下線は、読解活動前に2Aが下線を引いた「知らない単語」を表す。2Aが引いた下線を見ると、語句の切れ目としては正確ではないケースも見られるが、以下では2Aが引いた下線をそのまま表記している。

③人们在设计这些东西时往往忽视左撇子的需要,因而给他们造成了不少麻烦,有时甚至使得他们感到十分沮丧。

2A25：えーっと、左、え、ちょっと待ってください。人々が（"人们"を指す）(2.0) うーん、なんか、こうした（"这些"を指す）、こういったもの（"东西"を丸く囲む）を、なんか、こういったものって、たぶんここに挙げられてるもの（②の"拉门柄""拉拉链""扣纽扣""扳汽车排挡""拿剪刀""开瓶塞罐头"と順番にペンで指しながら）やと思う。こういったものを設計（"设计"を丸く囲む）、している時に（"时"を指す）、えーっ（"往往"をぐるぐる丸く囲む）、なんや(2.5)、えーっ、うーん、ん？　いつも（"往往"を指す）、かな？　いつも (7.0) うん？ (1.0) すいませんhいつも、なんか（"忽视"を指す）、無視してた、左利きの人（"左撇子"を指す）が使う（"需要"を指す）ということを。(3.0) なぜなら（"因而"を指す）(5.0)、えーっと (7.0)。ちょっと接続がまだわからないです（"因而"を丸く囲み、その後の文を指す）。彼らに（"他们"に線を引く）もたらす（"造成"に線を引く）、多くの面倒なこと（"不少麻烦"を指す）をもたらす、で、ある時に（"有时"を指す）至っては（"甚至"を指す）、彼らに（"他们"を指す）とても（"十分"を指す）、えーっと（"沮丧"を丸く囲む）、とても、充分な、うん、とてもなんか、うん、良くないこと、何かわからないですけど（"沮丧"を丸く囲む）、良くないことかな、をもたらす。

＊25：はい。じゃあここで1回止めますね。ここで、こう、わーっと線

101

を引いてくれてますよね（"往往忽視左撇子的"をなぞる）。これって一かたまり？

2A26：いや、違います。なんか連続してちょっとわかんないなって思ったんで。

（　中略　）

2A28：なんか今はこれ（"忽視"を丸く囲む）。これと、これも（"往往"を丸く囲む）ちょっと（わからない）。

（　中略　）

2A32：最初わからなかった。でもなんか、とりあえず左利きの人っていうのがわかって、たぶん見当つけて（"左撇子"を丸く囲む）、左利きの人が、こう必要（"需要"を丸く囲む）としてるってことを、どうするんやろうって思ったら、なんか、無視するんかなって思って（"忽視"を丸く囲む）。うん。

（　中略　）

2A34：あ、漢字はこっちは見た（"忽視"の"視"を丸く囲む）。こっちはちょっと見当つかない（"忽"を丸く囲む）。で、【往往】こっちはなんか（"往往"を指す）、なんか、【往常】っていう（"往常"と空書）、いつもっていう、あの別の、この【往】（"往往"を指す）を用いた熟語を知ってるから。それで使われてる【往】と同じ意味やったら、いつもっていう意味でいいんかなって思って。

　まずは③の文を見ていきたい。③の文の中で、学生2Aは"往往忽視左撇子的"に下線を引いている。しかし2A28での発話を見ると、既に意味を推測した"左撇子"を除くと、学生2Aが実際にわからないのは"往往（往々にして）"と"忽視（軽視する）"の2語のみであることがわかる。2Aはこの2語に関して2A25でそれぞれ「いつも」「無視してた」と発話しているが、2A32での発話より、"左撇子"が「左利き」であるとわかったことから、談話知識を利用しつつ「左利きの人が必要としていることをどうするのだろ

う」と自問自答し、論の進め方に対して逆から推測していることがわかる。
また2A34では「"視"の字は見た」「"往常（日ごろ）"を知っている」と発話
しており、2A32での談話知識とかけあわせてそれぞれ漢字のイメージとL2
語彙連想も利用していることもわかる。

＊39：で、これ（"沮喪"を指す）、なんか悪いことみたいなかんじに言っ
　　　てたっけ？　さっき。

2A40：あー、うん。悪いことって言った。

＊40：それはどうしてそう思いましたか？

2A41：えっhh、なんかhh、これたぶん、つながってる。ここの【因而】
　　　から（"因而给他们造成了不少麻烦"をなぞる）これと、これが（"有
　　　時甚至使得他们感到十分沮喪"を指す）つながってて、で、面倒な
　　　こと（"麻烦"を指す）を引き起こす。で、これは（"甚至"を指す）
　　　さらになんか、さらに悪いことを言う、あっ、さらになんか、
　　　この状況が甚だしい時に使う（"甚至"を何度もなぞる）から、た
　　　ぶん（"甚"という字を下に書く）、えーっと(2.0)、面倒なことが（"麻
　　　烦"を指す）、さらに大きい（"甚至"を指す）時もあるみたいなこ
　　　とをここで言いたいってことは、こいつは（"沮喪"を丸く囲む）やっ
　　　ぱりその面倒なこととか、悪いこと？　うん。そんなかんじか
　　　なって思った。

"沮喪（気がくじける、がっかりする、落胆する）"に関しては、2A41での発
話を見ると"因而给他们造成了不少麻烦（それゆえ左利きの人には少なからず不
都合が生じ）"と"甚至使得他们感到十分沮喪（彼らを失望させてしまうことす
らある）"が対応していると考え、さらに副詞の"甚至（～すら、～でさえ）"
から"沮喪"は"麻烦（煩わしい、厄介である）"よりさらに程度の大きい
「悪いこと」であると予測しており、文法・統語知識と談話知識をかけあわ
せて利用していることがわかる。ここでは明確な意味までは推測できてはい

ないが、「何かマイナスの意味である」ということはつかんでおり、読解活動において内容理解につながっていることがわかる。

4.4.1.2　学生2Aの語彙習得状況

　では、読解活動を通して学生2Aの語彙習得にどのような変化があったのかを見てみたい。以下は学生2Aの語彙テストの結果より"左撇子"に対する解答である。テストⅠは読解活動前の第1回テストの結果を表し、テストⅡは読解活動直後の第2回テスト、テストⅢは2週間後の遅延テストの結果を表している。

・左撇子
テストⅠ　a. 以前にこの語を見たことはない。
テストⅡ　e. この語を使って文を作ることができる。
　　　　　　　　左撇子遇到許多麻烦。
　　　　　　　意味は　左利きの人
テストⅢ　c. 以前にこの語を見たことがある。
　　　　　　　この語の意味は　左利きの人　　と思う。

　まず第1回のテストでは学生2Aは「"左撇子"という語を見たことはない」を選択している。しかし、読解活動直後の第2回テストでは"左撇子"の意味を「左利きの人」と正確に記述しており、なおかつ"左撇子遇到許多麻烦（左利きの人は多くの面倒なことに遭遇する）"という文を産出することもできるようになっている。学生2Aの産出した文は、課文の内容に即しており、課文で得た知識をもとに作文したと考えることができる。本来であれば、この文には助動詞の"会（～する可能性がある）"を入れて"左撇子会遇到許多麻烦（左利きの人は多くの面倒なことに遭遇しがちである）"とした方が中国語の文としては自然ではあるが、"左撇子"に関しては文中でも正しく使用することができている。2週間後の遅延テストでは、文の産出はできてい

104

第4章　長文読解の中での学習者の語彙習得

ないが、「左利きの人」と正確な意味を記述できており、語の意味に関しては長期記憶に入っていると考えることができる。この結果より、付随的語彙学習によって"左撇子"という語の習得につながり、受容語彙として定着したと言うことができるだろう。

4.4.2　学生2Bのケース

4.4.2.1　学生2Bの語彙処理プロセス

次に学生2Bのケースを見ていきたい。以下、学生2Bの発話プロトコルの抜粋と学生2Bが課文の中で引いた下線を示している。2Bが引いた下線にもやはり語の切れ目としては正確ではないものが見られるが、2Bが引いた下線をそのまま表記している。

①世界上大约有三亿人是天生的<u>左撇子</u>。

2B01：<u>左利き？</u>　世界には3万（0.5）人、3億人？　の天性の<u>左利きの人</u>がいる。

（　中略　）

＊05：私に話してくれた時に左利きって言ってくれましたよね。どの段階でそうかなと思いましたか？　全部読んでからそう思いましたか？　それとも今この字だけ見て思いましたか？

2B06：ここ（①の"左撇子"を指す）。

＊06：そこで？

2B07：はい。

＊07：何故そう思いましたか？

2B08：<u>天性（"天生"を指す）、だから、生まれつき何かが左で、だったら、まぁ左利きかな。</u>

105

学生2Bも課文のタイトルでもある"左撇子"に下線を引いており"左撇子"が未知語であったことがわかる。学生2Bは学生2Aとは異なり、最初の①の文で"左撇子"の意味に気がついたと2B06で発話している。2B08の発話を見ると、「生まれつき何かが左」だとすると恐らく「左利き」だろうと推測していることがわかり、ここで学生2Bは談話知識と一般常識をかけあわせて利用していることが考えられる。

②像<u>拉门柄</u>、<u>拉拉链</u>、<u>扣纽扣</u>、<u>扳汽车排挡</u>、<u>拿剪刀</u>、<u>开瓶塞罐头</u>，诸如此类的事使他们感到非常<u>吃力</u>。

> 2B02：うーん、たぶん (5.0) これは瓶を開け（"开瓶塞罐头"を指す）(0.5)、開け閉めする？(5.0) それで (0.5) 車？(29.0)（"汽车"の前後を何度も見ている）車の（"排挡"のあたりを指している）運転？(13.0) 刀を (1.0) 出す（"拿剪刀"を指す）、出したり、瓶を開け閉めしたり（"开瓶塞罐头"を指す）(4.0)、する時に (2.0) するような、こういうことは（"像拉门柄、拉拉链、扣纽扣"のあたりを指す）、彼らにすごい、なんだろ (6.0) 苦労（"吃力"を指す）苦労を覚えさせる（③"给他们造成了"のあたりを指す）。

　②の文では学生2Bの知らない単語がいくつか並んでおり、上記2B02ではそれらを「瓶を開け閉めする（开瓶塞罐头）」「車の運転（扳汽车排挡）」「刀を出す（拿剪刀）」「苦労（吃力）」と説明している。以下は、2Bが下線を引いた語の中から"拉门柄"と"拿剪刀"について学生2Bがどのように考えたのかを質問をしている場面である。

> ＊10：じゃあ、これ（②の文頭から文をなぞる）、1個ずつ見てみましょうか。これ（"拉门柄"を指す）、これで1個だと思いますか？　かたまりとしては。どこからどこまでが、どういうかたまりだと思います

　　　　　か？

2B11：たぶん、これが（"拉门柄"のあたりを指す）、動詞？

＊11：どれが動詞？

2B12：これ（"拉"を丸く囲む）。

＊12：それが動詞、うん。

2B13：これが名詞（"门柄"を丸く囲む）？　門を、門を、取っ手を引っ
　　　　　張る（引っ張るジェスチャー）みたいな。

＊13：何故そう思いましたか？

2B14：柄（"柄"を指す）？　門（"门"を指す）の柄（"柄"を指す）。

＊14：それは日本語の単語で考えましたか？

2B15：（うん、うんと頷く）

＊15：引っ張るはどこから出てきましたか？

2B16：うーん、これかな（"拉"を指す）？

＊16：なんでそれを見て引っ張るだと思いましたか？

2B17：えー、文脈で。

　未知の語が並ぶ②の文の中で、学生2Bは"拉门柄（ドアノブを引く）"に関
して"拉（引く）"が動詞で（2B11、2B12）"门柄（ドアノブ）"が名詞である
（2B13）と把握しており、ここでは文法・統語知識を利用していることがわ
かる。その後2B13で「門を、門を……」と発話した後に「取っ手を」と言
いなおしており、ここでは学生2Bが最初の自身の理解に訂正を入れている
ことがわかる。そして学生2Bは、何故「取っ手を引っ張る」と考えたの
か、その理由について「柄（え）」と「門（もん）」を日本語の単語で考えた
と発話しており（2B14、2B15）（L1語彙連想）、2B17での発話からは、加えて
談話知識を併用していることもわかる。

＊35：じゃ、これは（"拿剪刀"を指す）？　さっきなんか刀みたいなか
　　　　　んじで言ってくれたかな？

2B36：左利き（①の"左撇子"を指す）？　って言ってるから、刀って普
　　　通左の腰につけるじゃないですか？　つけない？　だから、右だ
　　　と、右利きだと、出しやすいけども（右手で刀を取り出し振る仕草）、
　　　みたいなかんじかなって。

＊36：ちょっと待ってね。これは刀よね（"刀"を指す）、きっと理解の上
　　　では。これは（"拿"と"剪"を指す）？　これ（"拿"を指す）とこ
　　　れ（"剪"を指す）はどう理解してる？

2B37：これは（"拿"を丸く囲む）、こう（1.0）、持つみたいな（持ち上げる
　　　仕草）。出すみたいな（引っ張り出すような仕草）。

＊37：これは（"剪"を指す）？

2B38：あ、違う。ハサミだ。hhh

（　中略　）

＊41：ハサミになるの？　なんで急に思いついたの？

2B42：hhえ、だってここでいきなり刀はちょっと、出てこないかなって。

　次に"拿剪刀（ハサミを持つ）"に関して、当初、学生2Bは2B02で「刀を
出す」と説明しており、これは"剪刀"の"刀"の字から推測していること
が考えられる。2B36でその理由について説明する際、①の文で"左撇子（左
利き）"について触れられている（談話知識）ことに加えて「刀は普通左の腰
につける」とも発話しており、一般常識もかけあわせて利用していることが
わかる。しかし直後に2B38で「あ、違う。ハサミだ」と発話して、それま
での自分の理解を訂正している。その理由について2B42で「ここでいきな
り刀はちょっと、出てこないかな」と発話しており、ここでは談話知識を使
用していることがわかる。

⑪此外，人们还制造出左撇子使用的镰刀，门柄装在右边的冰箱，左撇子使用的小刀，甚至萨克斯管。

2B127：はい。この他に、人々は、なんとかまでも造った（"制造" の "造" を指す）。左利きの人が使う、なんだろ（"镰刀" を丸く囲む）(4.0)、何かと（"镰刀" を丸く囲む）、取っ手が左（"在" を指す）右に（"右" を指す）ついた冷蔵庫と、左利きの人が使う、【小刀】なんだろ (13.0)、これと（"镰刀" を指す）これと（"小刀" を指す）これ（"萨克斯管" を指す）がわからないです。

＊127：見当もつかないですか？

2B128：うーーん (5.0)、うーん (2.0)、ナイフ（"小刀" を指す）、これは（"镰刀" を指す）(2.0) なんだろう (4.0)、これはわかんないです（"镰刀" を指す）。これは（"萨克斯管" を指す）、うーん (8.0)、なんか見たことあるような気がする、けど (7.0)、なんだろ (9.0)、なんか、当て字っぽい。

＊128：なんでそう思った？　何に対するどういう当て字だと思いますか？

2B129：これとこれが当て字（"克" と "斯" をそれぞれ指す）、なんか、チョコレートの（"克" を指しながら）、やつと、これは（"斯" を指す）、なんかどっかの外国人の名前、よくあるやつで、なんだろ(4.0)、何に対する当て字かはわかんないけど、なんかの当て字。

---

⑪の文では "左撇子" と、②の文において既出で意味が把握できている "门柄" を除くと、学生2Bの未知語は "镰刀（鎌）" "小刀（ナイフ）" "萨克斯管（サックス）" の3語である。2B127では "镰刀" を「何か」と表現していったん保留にし、"小刀" は中国語で発音をしてみるも、これらを「わからない」としている。2B128では "小刀" を「ナイフ」、"镰刀" をやはり「わからない」とし、"萨克斯管" に関しては「なんか、当て字っぽい」と発

話しており、中国語の発音が当て字として使用されることがあるという知識（L2常識）を利用していることがわかる。2B129では"萨克斯管"の"克"の字を指し「チョコレートのやつ」、"斯"を指して「外国人の名前によくあるやつ」と発話しており、それぞれ"巧克力（チョコレート）"や"史密斯（Smith）"などの人名を連想している（L2語彙連想）と思われる。

4.4.2.2　学生2Bの語彙習得状況

　以下は学生2Bの3度の語彙テストの結果の一部である。読解活動を通して学生2Bの語彙習得にどのような変化があったのかを順番に見ていきたい。

・左撇子

テストⅠ　a. 以前にこの語を見たことはない。

テストⅡ　e. この語を使って文を作ることができる。

　　　　　　　我是左撇子。

　　　　　　意味は　左利き

テストⅢ　e. この語を使って文を作ることができる。

　　　　　　　我是左撇子。

　　　　　　意味は　左利き

　学生2Bは2Aと同じく、第1回のテストでは「"左撇子"という語を見たことはない」を選択している。しかし、読解活動直後の第2回テストでは"左撇子"の意味を「左利き」と記述しており、簡単な文ではあるが"我是左撇子（私は左利きだ）"という文を産出している。そして学生2Bは2Aとは異なり、2週間後の遅延テストでも語の意味だけでなく文の産出もできている。

・门柄

テストⅠ　a. 以前にこの語を見たことはない。

テストⅡ　e. この語を使って文を作ることができる。

110

<u>　　　为了开门，拉门柄。　　　　　　　　</u>

　　　意味は　<u>取手　　　　　　　　　　　</u>

テストⅢ　e.　この語を使って文を作ることができる。

<u>　　　为了开门拉门柄。　　　　　　　　　</u>

　　　意味は　<u>取手　　　　　　　　　　　</u>

　　次に"门柄"の習得状況を見てみたい。学生2Bは第1回のテストではやはり「"门柄"という語を見たことはない」を選択している。しかし第2回テストでは"门柄"の意味を「取手」と記述しており、簡単な文ではあるが"为了开门，拉门柄（ドアを開けるために取っ手を引く）"という文を産出している。2週間後の遅延テストでも、第2回テストと同じ文で"冒号（,）"がないだけの違いだが、"为了开门拉门柄（ドアを開けるために取っ手を引く）"と書くことができている。

・吃力

テストⅠ　a.　以前にこの語を見たことはない。

テストⅡ　e.　この語を使って文を作ることができる。

<u>　　　每天我感到非常吃力。　　　　　　　</u>

　　　意味は　<u>苦労　　　　　　　　　　　</u>

テストⅢ　e.　この語を使って文を作ることができる。

<u>　　　他感到了非常吃力。　　　　　　　　</u>

　　　意味は　<u>苦労　　　　　　　　　　　</u>

　　上記は"吃力"のテスト結果である。第1回のテストで2Bはやはり「"吃力"という語を見たことはない」を選択している。think aloudの過程では"使他们感到非常吃力"について「彼らにすごい苦労を覚えさせる」と発話し、第2回テスト、第3回テストともに"吃力"の意味を「苦労」と記述している。しかし、"吃力"は形容詞なので、「苦労」という名詞表現ではな

111

く、「苦労している、骨の折れる」といった記述が本来は正確である。しかし2Bは第2回テストでは"每天我感到非常吃力（私は毎日とても苦労している）"、第3回テストでも"他感到了非常吃力（彼はとても苦労した）"という文を産出しており、文中では形容詞として"吃力"を使用し、意味的にも正しく使うことができている。しかし第2回テストの文では"每天（毎日）"という語があるため、「何に対して」"吃力"なのかを文中に書き加える必要がある。また第3回テストの文でも、アスペクト助詞の"了"が不要であり、文法的には完全に正しい文とは言えない。

4.4.3　学生2Cのケース

4.4.3.1　学生2Cの語彙処理プロセス

　続いて学生2Cのケースである。学生2Cはタイトルの"左撇子"の意味がしばらくわからず、"左撇子"の箇所を全て「なんとか」と表現して、意味がわからないまま読み進めている。そして、課文後半の⑨の文になってやっと"左撇子"が「左利き」であることに気がつく。学生2Aも2Cと同じく⑨で"左撇子"が「左利き」であると気づいているが、学生2Aはthink aloudを始める前、未知の単語に下線を引く際、おおまかに課文に目を通している段階で"左撇子"の意味を把握している。一方で、2Cはthink aloudを開始してからもしばらくタイトル"左撇子"の意味がわかっておらず、課文前半の内容は当初ほとんど理解ができていない。

　以下、学生2Cがどのような過程を経て"左撇子"の意味に気づいたのか、そして"左撇子"の意味に気づいた後に、課文全体の内容理解や他の未知語の理解がどのように変化していくのかを注目して見ていきたい。

①世界上大约有三亿人是<u>天生</u>的<u>左撇子</u>。

> 2C01：<u>タイトルは全くわからないです</u>。なので、とりあえず読んでいき

ます。世界には、えっと、およそ3億人の、3億人、世界には3
億人（2.0）（"天生"の前でペンが止まる）生まれながらにして、な
んとかな（"左撇子"を空で丸く囲む）、人がいる。

　まず学生2Cは2C01では、タイトルの"左撇子"の意味を「全くわからな
い」と発話し、①の文では「なんとかな人」と表現して、そのまま読み進め
ている。

②像拉门柄、拉拉链、扣纽扣、扳汽车排挡、拿剪刀、开瓶塞罐头，诸如此类
的事使他们感到非常吃力。

2C03：（4.0）（"像拉门柄"で止まっている）うーん（2.0）この【像】は、何々
　　　に似て、みたいな意味かなと思って、なんとかに（"门"と"柄"
　　　を指す）似て、なんとか（"拉"と"链"を指す）に似て、それで、えっ
　　　と、（4.0）（"扣纽扣"と"扳汽车排挡"を指す）ここまでなんとかに
　　　似てて、で、ハサミ（"剪刀"を指す）を持って（"拿"を指す）、（2.0）
　　　瓶を開けて缶を塞ぐ？（2.0）このようなことは、彼らを非常に【吃
　　　力】に感じさせる。

　　　　　　　　　　　（　中略　）

2C12：これが動詞だとして（"像"の下に"V"と書く）、これが（"拉门柄"
　　　の下に線を引き"O"と書く）受けてる目的語の1つ。（"拉拉链""扣
　　　纽扣"の下に"O"と書く）

＊12：どこまでかかってますか？

2C13：えーっと、ここまでですかね？（"罐头"の後に区切りを書き込む）

---

　②の文では学生2Cの未知の語が並んでいる。この文の構造に関して、学
生2Cは"像"が「〜に似て」の意味であると理解し、動詞であると仮定し
た上で、"拉门柄""拉拉链""扣纽扣""扳汽车排挡""拿剪刀""开瓶塞罐

頭" という目的格にそれぞれかかっていると考えている（2C03、2C12、2C13）。これらの発話は学生2Cが未知の語を考える際に、文法・統語知識を利用していることを表している。

　次に、これら未知の語を学生2Cがそれぞれどのような意味で捉えているのか、一部を見ていきたい。

＊16：じゃあ、1個ずつ見ていきますね。これって（"拉门柄"を丸く囲む）何なのかわかりそうにないですか？

2C17：ないです。

＊17：わからない？　想像もつかない？

2C18：はい。

＊18：これは？（"拉拉链"を指す）

2C19：なんか楽器ですかね？

＊19：どうしてそう思いましたか？

2C20：【拉拉】が。で、鍵盤の鍵みたいな。

＊20：【拉拉】をどういう風に理解しましたか？

2C21：えっ？　どういう風に理解？

＊21：【拉拉】から、この2つの漢字から（"拉"を指す）何故楽器だと思いましたか？

2C22：(3.0) なんか、友達が応援団に入ってて、で、応援団のことを【拉拉队】って言って、で、なんかその、【拉拉】が楽器とか音のあるものかな、みたいな。

　まず"拉门柄（ドアノブを引く）"について2C17で「わからない」と発話し、"拉拉链（ファスナーを引く）"については「何かの楽器である」と発話している（2C19）。そして"拉拉链"を「何かの楽器」と考えた理由に関して、"拉拉（動詞「ひく」の重ね型）"から"拉拉队（応援団）"（L2語彙連想）と"链"から漢字の似た「鍵」の字を使用する「鍵盤」（L1語彙連想）を連想し

114

たと述べている（2C20、2C22）。また"拉拉队"の連想については「友達が
応援団に入っていて、応援団のことを"拉拉队"と言っていた」とも発話し
ており、個人の体験も併せて利用していることもわかる。

＊39：じゃあ、この単語は（"吃力"を指す）どういう意味だと思いますか？

2C40：うーん、(5.0) <u>よく食べるみたいな意味ですか？</u>　hh

＊40：よく食べる？　っていうことはこの人たちは（"左撇子"を指す）
　　　よく食べる（"吃力"を指す）、みたいなかんじ？

2C41：みたいなかんじですかね？　hh

---

②の文末にある"吃力（骨の折れる）"にも学生2Cは下線を引いている。当
初2C03では"吃力"と中国語で発音し、そのままにしている。その後2C40
では「よく食べるみたいな意味ですか？」と発話しており"吃（食べる）"と
いう中国語の動詞の意味から推測している（L2語彙連想）ことが考えられる。

　この後、学生2Cはthink aloudの途中、課文後半⑨の文で"左撇子"の意
味に気がつく（後述）のだが、課文全てのthink aloudが終了した後で、2Cは
前半部分の未知語の意味と課文の内容理解に訂正を入れており、②の文と文
中の未知語の理解に関しても変化が見られた。以下で、"左撇子"の意味を
理解した後に、学生2Cの理解にどのような変化があったのかを見てみたい。

2C123：あー (1.5) 世界中には3億人生まれながらにして左利きの人がい
　　　　る。うーんと、たぶん、<u>ここまで（"扣纽扣"の後ろに区切りを書
　　　　き込む）、が全部楽器で</u>、で、これはまだわからなくて（"扳汽车
　　　　排挡"を指す）、ハサミを（"剪刀"を指す）持つ（"拿"を指す）、瓶
　　　　のふた（"瓶"を指す）を開ける（"开"を指す）、缶詰を（"罐头"
　　　　を指す）つめ（"塞"を指す）、塞ぐ？　つめる？　<u>これらのよう
　　　　なことは、彼らを非常にもどかしく（"吃力"を指す）感じさせる、</u>
　　　　みたいな。

115

＊123：さっきとちょっと解釈が変わったね。なんで「もどかしく」に
　　　　変わりましたか？

2C124：うーん、これが左利きってわかって（①の"左撇子"を指す）、うー
　　　　ん、ここ（③の"麻烦"を指す）【麻烦】とか、との関係ある、た
　　　　ぶんネガティブな意味なんだろうなっていう想像です。

　当初、学生2Cは"拉拉链（ファスナーを引く）"についてのみ「何かの楽
器」であると推測している（2C19）。しかし"左撇子"の意味を把握した後
には、"拉门柄（ドアノブを引く）""拉拉链（ファスナーを引く）""扣纽扣（ボ
タンをかける）"までが全て楽器であると考えを変えている（2C123）。その他
の下線を引いた未知の語句に関しては、大きな理解の変化は見られない。
　しかし"吃力（骨の折れる）"に関しては、当初「よく食べる」と理解して
いた（2C40）ところが、「もどかしく」に変化している（2C123）。この理由に
ついて、2Cは「"左撇子"の意味がわかって、③文中の"麻烦（煩わしい、厄
介である）"と関係がある、ネガティブな意味だと想像した」と説明している
（2C124）。この発話より、学生2Cは課文全体の内容を理解した上で、未知語
を含む当該文だけでなく、その先の文から得た談話知識を利用して、既出の
未知語の意味を把握したことがわかる。このように、当初は誤って理解をし
ていた語も、読解活動を通して全体の内容がつかめたことによって、学習者
の理解に変化が現れ、最終的に語彙学習につながることがあるということも
わかる。

③人们在设计这些东西时往往忽视左撇子的需要, 因而给他们造成了不少麻烦,
有时甚至使得他们感到十分沮丧。

2C42：人々は、設計して？　この、えー？（3.0）このような時？（22.0）（ペ
　　　　ンで先の文を追いながら"因而"を四角く囲む。次に"不"から"麻烦"
　　　　にかかるよう矢印を書く。最後に"有时"を四角く囲む）、人々は、設

116

計している時、このような、もの、このような時？　往々にして、

　なんとか（"左撇子"を指す）の需要を見る（"忽視"を指す）。

（　中略　）

2C46：あ！　このような、ものを設計している時、往々にして、なんと

　かの（"左撇子"を指す）需要を見る（"忽視"を指す）。

　　次に③の文を見てみたい。ここで学生2Cが下線を引いているのは"忽視左撇子""甚至""沮喪"の3箇所である。まず学生2Cは③の文頭から読み進め"忽視左撇子"の箇所で詰まり22秒と長い沈黙時間がある。この沈黙の間に2Cは③文の後半を読み進め、文中の語句に書き込みを入れているところから、文の構造を把握しようとしていることが予測される（2C42）。そして"左撇子"に関してはやはり「なんとか」と表現して保留にし、"忽視（軽視する）"に関しては"視"の字から推測したのか、「見る」と発話している（2C42、2C46）。

2C51：あっ、すみまhh、えっと、か……うん？（3.0）うーん、そして、

　とか、かつ（"因而"を指す）、うーんと、彼らに、少なくない、

　煩いを、生じさせる？　ある時は、うーん（8.0）、彼らに充分な、

　何かを（"沮喪"を丸く囲む）、感じさせる？

＊51：ここって線引いてくれてますよね（"甚至"を指す）？　どういう

　意味だと思いますか？

2C52：うーん（1.5）、とても、みたいな。

＊52：どうしてそう思いましたか？

2C53：甚だしい（"甚"を指す）、至り（"至"を指す）。

＊53：ふんふん、ここは（"沮喪"を指す）何だと思いますか？

2C54：うーん（18.0）、全然わかんないです。

＊54：この段落（第1段落を囲む）に書いてることって結局どういうこと

　かな？

> 2C55：うーん（8.0）、何言ってるかわからない。
>
> ＊55：わからない？ 何の話かもわからない？
>
> 2C56：はい。

　次に2C51で"沮喪（気がくじける、がっかりする、落胆する）"を「何か」と表現して保留にした後に、"甚至（〜すら、〜でさえ）"については「甚だしい」「至り」（2C53）（L1語彙連想）から、「とても」という意味であると推測している（2C52）。そして"沮喪"については「全然わかんない」と述べている（2C54）。

　課文の第1段落は①〜③の文より成り立っているのだが、筆者が＊54で第1段落はどのような内容であったのかを質問すると、学生2Cは「何言ってるかわからない」と発話しており（2C55）、この段階では課文の内容理解には至っていないことがわかる。

　では学生2Cが"左撇子"の意味に気がついた後にはどのような変化が見られるのだろうか。以下は学生2Cが"左撇子"の意味を理解した後の発話プロトコルである。

> ＊124：他どこか解釈が変わったところってありますか？
>
> 2C125：（19.0）無視するみたいなかんじですかね（"忽視"を指す）。
>
> ＊125：なんでそう思いましたか？
>
> 2C126：んっと、左利きの需要を（"左撇子的需要"をなぞりながら）、見るか（"忽視"を指す）、見ないかって考えて（2.0）で、置いといて（"忽視"を指す）、うーん（2.0）（"給他们造成了"のあたりをなぞる）彼らに、少なからずの煩いを、生まれさせる、ので、だから見ない方（"忽視"を指す）かなって。
>
> ＊126：はい。他にどこか解釈が変わったところはありますか？
>
> 2C127：（3.0）これが（"沮喪"を指す）とにかくネガティブな意味だってことはわかりました。

第4章　長文読解の中での学習者の語彙習得

> ＊127：どうしてそう思いましたか？
> 2C128：今までの文脈から（第1段落をペンで丸く空で囲む）、左利きが、
> 　　　　ちょっと、煩わしい思いをしているってことで、なんかネガティ
> 　　　　ブそうだなって（"沮喪"を丸く囲む）。

　当初"左撇子"の意味に気がつく前には、学生2Cは"忽視（軽視する）"
を「見る」と理解していた（2C42、2C46）。しかし"左撇子"の意味に気が
ついた後の2C125での発話を見ると、「無視するみたいなかんじ」と2Cの理
解に変化が見られる。2C126では「見る」か「見ない」かどちらかであると
考え、③文中の"给他们造成了不少麻烦"を「彼らに少なからずの煩いを生
まれさせる」と理解し、この文脈より「見ない」方であるとの解釈に至って
いる。

　次に"沮喪"についても当初は「全然わかんない」と発話していたが
（2C54）、具体的な語の意味の推測には至らないものの、「ネガティブな意味
だってことはわかった」と発話している（2C127）。その理由について2C128
で「今までの文脈から」と第1段落を指し、「左利きがちょっと煩わしい思
いをしているということはネガティブそうだ」と発話している。第1段落の
内容については、当初「何言ってるかわからない」と発話していたが
（2C55）、"左撇子"という1語がわかったことにより課文の内容理解も進
み、それまで全く見当がつかなかった未知語も、具体的な語の意味を把握す
るまではいかないにしても、おおまかな意味をつかむことができるように
なっており、付随的語彙学習の連鎖につながっていることがわかる。

⑥不过总的来说，人们对<u>左撇子</u>在日常生活中所遇到的问题还是很少关注的。

> 2C70：しかし、いつも言われていることには、人々はなんとか（"左撇子"
> 　　　　を指す）に対して、うーん、日常生活、の、日常生活の中の、至
> 　　　　るところ、あれ？　あ、違う。日常生活で（1.0）えっと、至る（"遇

119

到"の"到"を指している）ところにある問題は、やはり（1.0）、注
意することが、少ない。

*70：この段落って、つまり何を言っているのですか（第2段落を丸く囲
む）？　何の話をしてるんやろう？

2C71：うーん、わかんないですけど、これが（"左撇子"を丸く囲む）、日
常に即したものかな、ってかんじ。

*71：なるほど。どうしてそう思いましたか？

2C72：うーん（5.0）、うーん（5.0）、日常生活（"日常生活"を指す）、の中でっ
て出てくるし、（2.0）鏡とか（⑤"镜子"を指す）、あと（2.0）、鏡
とか、うーん、ここら辺ハサミとか（②"拿剪刀、开瓶塞罐头"の
あたりをなぞる）、これでもう日常っぽいかな、みたいな。

　　⑥の文でも2Cはまだ"左撇子"の意味を把握できてはおらず、2C70では
「なんとか」と表現して保留にしている。しかし⑥の文中にある"日常生活"
という語や、それまでの②および⑤の文中の語句から"左撇子"が何か「日
常生活に即したものではないか」と考えるに至っている（2C71、2C72）。し
かし第2段落（④〜⑥の文）全体の内容理解にはやはり至っていない。

⑨譬如，左撇子运动员一度对右手使用的运动器械颇感不便，现在他们可以买
到适用于他们的运动器械了。

2C85：例えば、なんとか（"左撇子"を指す）運動員は、一度、右手（2.0）、
えー？（6.0）、一度、右手、に対して、うーん、うん、うん右手
に対して使用する運動器械、が不便だと、感じる（"颇感"を指す）。
うん？　感じた？　あっ！　わかった。左利き（"左撇子"を指す）！

*85：うん。なんで今、そう思いましたか？

2C86：右（"右手"の"右"を指す）、と、とりあえず日常のことに関連す
るやつで、で、右手（"右手"をなぞる）で不便を感じる人、みた

> いな。この人は（"左撇子"を丸く囲む）、右手で、ものを使う、右、
> 右手の、右手でものを使う、ためのもの？　あれ？　に不便を感
> じる人なので（"左撇子"を指す）、左利きかな。

　学生2Cは⑨の文でついに"左撇子"の意味に気がつく。2C85では最初は
「なんとか」と表現しているが、"右手使用的运动器械（右利き用の運動用品）"
の箇所で「左利き」という意味に気がついたと見られる。2C86では、その
理由について、「右」という字（漢字のイメージ）と、⑥の文で得た「日常の
ことに関連する」（2C71、2C72）という談話知識と、⑨の文より「右手で不
便を感じる人」「右手でものを使う（ためのもの）に不便を感じる人」という
理解（一般常識）から「左利き」という推測に至っており、複数の知識源を
かけあわせて推測に至っていることがわかる。

> ＊87：ちなみに、ここ、どう解釈しましたか？　これ、線引いてくれた
> 　　　ところ（"颇感"を丸く囲む）。
> 2C88：うーん（1.0）、なんか煩わしいかんじの（"颇感"を指す）。
> ＊88：何故そう思いましたか？
> 2C89：うーん、なんか見たことあるような気がして。この漢字を（"颇感"
> 　　　を丸く囲む）。うーん、そんなにいい意味じゃないような（2.0）印
> 　　　象です。

　次に、学生2Cが⑨で下線を引いている"颇感（とても～と感じる）"にも着
目してみたい。2Cは2C88において「なんか煩わしいかんじ」、2C89で「漢
字を見たことあるような気がする」「そんなにいい意味じゃないような印象」
と発話している。あくまでも推測の域は超えないが、ここでは学生2Cが
"麻烦（煩わしい、厄介である）"や"烦恼（思い煩う、悩み）"などの"烦"の
字を思い浮かべている可能性が考えられる。"颇感"の"颇"と"烦"はど
ちらも旁が同じ"页字旁（おおがい）"であり、2Cは漢字を混同して「烦わ

121

しいかんじ」と発話した可能性がある。

　このように語彙学習においては、学習者が字形の似た漢字を見て、誤って認知をしたり、記憶を混同したりする可能性があることが上記の発話データより考察できる。これは2.3.2の先行研究の中で、郭胜春（2004）が語の意味の誤推測を生む原因として、字形が似ていることを挙げていることとも合致する。

2C90：現在、彼らは、彼らの、うん？　現在彼らは（3.0）、うーんと、彼らの運動器械に、適するものを買うことができる。

＊90：彼らって誰ですか？

2C91：この人たちです（"左撇子"を丸く囲む）。

＊91：この人たちはなんでしょう？　hhh

2C92：左利き。

（　中略　）

2C95：（　前略　）現在彼らは、左利きの、うーん（1.0）これが利き手ですかね（文末の"运动器械"を指す）？　利き手に適するものを買うことができる。

＊95：これ、なんで利き手だと思いましたか（文末の"运动器械"を指す）？

2C96：運動器械、運動器械、うーん（3.0）、なん、彼らのなんとかに（文末の"运动器械"を丸く囲む）適するものを買うことができる、なので（1.0）うーん、利き手だとぴったりかな（"运动器械"を再び丸く囲む）。

　"左撇子"の意味が把握できたことにより、2Cは⑨の文の後半部分の"他们（彼ら）"が「左利き」の人たちであるということも理解できている。しかし"现在他们可以买到适用于他们的运动器械了（現在は彼らも自分に適した運動用品を買うことができるようになった）"の意味を説明する際に、"运动器械（運動用品）"を当初はそのまま日本語で読んで「運動器械」と発話していた

（2C85、2C90）ところを、2C95では「利き手」と訂正している。ここでは談話知識を使用していることが考えられるが、"适用于他们的运动器械（彼らに適した運動用品）"は本来であれば構造的には"适用于他们的（彼らに適する）"が"运动器械（運動用品）"を修飾しているのだが、2Cは"适用于（適する）"が"他们的运动器械（彼らの*利き手）"を修飾していると統語関係を誤って理解しており、このことが誤推測を導いた一因であると考えられる。

4.4.3.2　学生2Cの語彙習得状況

　以下、学生2Cの語彙テストの結果の一部を見られたい。

・左撇子

テストⅠ　a. 以前にこの語を見たことはない。

テストⅡ　e. この語を使って文を作ることができる。

　　　　　　　他是左撇子。

　　　　　　意味は　左利き

テストⅢ　e. この語を使って文を作ることができる。

　　　　　　　我是左撇子。

　　　　　　意味は　左利き

　学生2Cもやはり第1回のテストでは「"左撇子"という語を見たことはない」を選択している。2Cは他の学生とは異なり、読解活動後半になってやっと"左撇子"の意味に気がついているが、第2回、第3回テストともに正しく語の意味を記述しており、学生2B同様に簡単な文ではあるが"他是左撇子（彼は左利きだ）""我是左撇子（私は左利きだ）"という文を産出している。これより、読解活動を通して"左撇子"という語の習得につながり、受容だけでなく産出もできるようになっていると考えることができる。

・吃力

テストⅠ　a.　以前にこの語を見たことはない。

テストⅡ　c.　以前にこの語を見たことがある。

　　　　　　　　この語の意味は　　苦労する　　　　と思う。

テストⅢ　b.　以前にこの語を見たことはあるが、意味はわからない。

　　2Cは第1回テストでは「"吃力"という語を見たことはない」を選択して
おり、読解活動の中では、当初「よく食べる」という意味で理解していた。
しかし"左撇子"の意味や課文全体の内容を理解した後には「もどかしく」
と発話しており、第2回テストでは語の意味を「苦労する」と記述してい
る。しかし産出には至っておらず、2週間後の遅延テストでも「以前にこの
語を見たことはあるが、意味はわからない」を選択している。

・颇感

テストⅠ　a.　以前にこの語を見たことはない。

テストⅡ　c.　以前にこの語を見たことがある。

　　　　　　　　この語の意味は　　わずらわしい　　と思う。

テストⅢ　b.　以前にこの語を見たことはあるが、意味はわからない。

　　2Cは"颇感（とても～と感じる）"について、"颇"の字の記憶の混同のた
めか、読解活動中には「なんか煩わしいかんじ」と発話している。そのため
なのか、読解活動後の第2回テストでも「わずらわしい」と記述しており、
2週間後の遅延テストでは「以前にこの語を見たことはあるが、意味はわか
らない」を選択しており、これは語の習得につながらなかったケースと言う
ことができる。

第4章　長文読解の中での学習者の語彙習得

4.4.4　学生3Aのケース

　3年生へは、《基因時代的恐慌与真相（遺伝子時代の恐怖と真相）》の中から"生物技術的是是非非（バイオテクノロジーの是非）"という題材を取り扱い、調査を行っている。この文章では主に遺伝子操作について論議されており、語彙、内容ともに専門的で難度が高いものが扱われている。

4.4.4.1　学生3Aの語彙処理プロセス

　まず最初に学生3Aの発話プロトコルを見てみたい。"生物技術的是是非非"では"基因（遺伝子、ゲノム）"という語が文中で2度使用されており、3年生への語彙テストでも出題されている。学生3Aのプロトコルデータの中からは、特に"基因"の習得過程に着目して見ていきたい。

⑬<u>基因工程</u>不过是使这个创造过程更有意识、更有效率<u>而已</u>。⑭如果我们真的相信"任何人为的东西都不如自然的生命那么<u>和谐</u>"，那么我们就应该回到吃野菜、打野兽的野蛮时代。

3A02：（　前略　）えーと、わからなくて（⑬"基因"を指す）（⑬"基因"のみに引いていた下線を"工程"まで延ばす）、これわからなくて、えーと、うーん（17.0）わかんないです。適当なんですけど、ま、基本的な、ま、原因、わかんない、原因みたいな過程ですかね、は、これらを創造して、ま、ただ、その、こう、わかんないですけど、より効率化しただけだ、みたいな、これは（⑬"这个"を指す）。もし、私たちが、私たちが（4.0）（⑭"任何人为的东西都不如自然的生命那么和谐"をペンで追って読む）、人が作ったものは、自然の生命ほど、自然の、そういう自然界のものほど、えっと、これわかんない（⑭"和谐"を空で丸く囲む）、良くない？　どれも人が作ったものは自然のものほど良くないと信じるならば、私たちはそ

125

の、野菜とか、その、狩りをしてた時代の野蛮時代に戻るべきである。

＊02：ここさっき（⑭"和谐"を指す）、良くないみたいなかんじで訳してくれましたよね。これはなんでそう思いましたか？　線引いてくれてるけれど。さっき「新幹線」って言ってくれましたよね。[7] これはどういう風に解釈しましたか？

3A03：これ僕わかんなくて、文脈なんですけど、完全に、人が、人がなしたものは皆、その【不如自然的生命那么】その、自然のものほど、なんか調和がとれたりして良い、みたいなかんじで、文脈で判断しました。

＊03：ここは（⑬"基因工程"を指す）どういう風に考えたかもう一度教えてもらっていいですか？

3A04：ここはわかんなかったんで、基本的な（紙に"基"と書く）因（"因"と書く）っていうなんか2つあったんで、基本っていうのが思いついて（先ほど書いた"基"の下に"本"と書く）、因は因果関係（先ほど書いた"因"を丸く囲む）とか言うんで、理由みたいな、そんなこれは（先ほど書いた"因"をぐるぐる丸く囲む）あんまり思いつかなかったけど、なんかくっついたんかなぁと思いました。はい。

　学生3Aは読解活動前の段階では⑬の文で"基因"のみに下線を引いていたが、think aloudの過程で、3A02で「わからなくて」と発話しつつ"基因"に引いていた下線を"工程（プロジェクト、工学、工程）"にまで延ばしている。そして「適当なんですけど」と断りを入れながら、「基本的な原因」「原因みたいな過程」と発話している。これは"基"と"因"のそれぞれの漢字から「基本」と「原因」、そして"程"から「過程」と、それぞれL1語彙連想を行っていると考えられる。また3A04でも"基因"と書きながら同様に「基本的な」「因果関係」と発話しており、3Aは"因"の字から「理由」や「原因」といったことを連想している。

第4章　長文読解の中での学習者の語彙習得

　次に⑭の"和谐（調和がとれている）"についても当初は「わかんない」
（3A02）と発話しているが、3A03では文脈から「調和がとれたりして良い」
という意味だと判断したと発話している（談話知識）。また、学生3Aは読解
活動を始める前、1回目の語彙テストに取り組んでいる際に、出題されてい
る"和谐"を見て「新幹線に書いてある」と発話している。この発話からは
学生3Aが中国で新幹線の車体に"和谐"と書いているのを見たことがあり
（個人の体験）、それを思い出したということが考えられる。

⑱今天为无数患者带来福音的基因工程,起源于科学家对生物遗传奥秘的好奇。

3A14：（　前略　）今日、無数の患者に（3.0）福音の（0.5）ここわかんな
　　　　いんですよね（"基因工程"を指す）、この基本的なこれっすね、工
　　　　程（2.0）を持って（1.0）わかんないです、ここ。起源は、科学が
　　　　その生物遺伝の、これわかんないんすけど、（"奥秘"に線を引く）
　　　　神秘的な、生物遺伝の。

（　中略　）

＊17：ここ（"基因工程"を指す）はやっぱりわからない？

3A18：わかんないですね、これ。

＊18：この文章は前の方も（"今天为无数患者带来福音的基因工程"を指差す）
　　　　わからないですか？　　前の方は訳してくれたけど、この辺（"带来
　　　　福音的"を指でなぞる）はどう理解してますか？

3A19：(4.0) 今日、この (3.0) 多くの人に、まぁ数えることができない
　　　　ほどの多くの人に、えーと、持ってきてる、と。何をと。これ
　　　　を持ってきてる。

＊19：どれを？

3A20：この福音を。

＊20：その単語は知ってましたか？

3A21：福音自体はなんか聞いたことあるんですけど。福音の、その基

127

本工程。わからん。これ何ですか？　これ、これ。何？　【基因】。
これゲノムとかですか（"基因工程"を指す）？

＊21：何故今そう思いましたか？

3A22：(2.0) この後ろの遺伝とか（"生物遺传"の"遗传"を指す）が関わっ
てきたので、そうなのかな、と思ったんですけど。

　⑱の文では再度"基因工程（遺伝子工学)"が使用されている。学生3Aは
3A14でも「ここわかんないんですよね」と述べ、やはり「基本的な工程」
と発話している。3A18でも同じように「わかんないですね、これ」と発話
し、3A21では「基本工程」「わからん」と述べた後に、"基因"と中国語で
発話して「これゲノムとかですか？」と筆者に聞いており、ここで"基因"
の意味に気がついたと思われる。そのように考えた理由について、3A22で
は、同文中の後節にある"遺传（遺伝)"を指しながら「後ろの遺伝とかが
関わってきたので」と発話しており、談話知識を利用して推測に至ったこと
がわかる。

4.4.4.2　学生3Aの語彙習得状況

・基因

テストⅠ　a.　以前にこの語を見たことはない。

テストⅡ　c.　以前にこの語を見たことがある。
　　　　　　　この語の意味は　ゲノム、遺伝子　と思う。

テストⅢ　c.　以前にこの語を見たことがある。
　　　　　　　この語の意味は　遺伝子、ゲノム　と思う。

　学生3Aは第1回テストでは「"基因"という語を見たことはない」を選択
し、think aloudでは当初"基因"を見て、「基本的な原因」「基本工程」と発
話していたが、読解活動の中でその意味に気がつき、「ゲノムとかですか？」
と質問している。そして、第2回テスト、第3回テストともに「ゲノム、遺

第 4 章　長文読解の中での学習者の語彙習得

伝子」と記述している。計 3 回のテストの結果を見ると受容語彙として習得ができていると考えられるが、産出にまでは至っていない。

・和谐

テストⅠ　c.　以前にこの語を見たことがある。

　　　　　　　　この語の意味は　平和　　　　　　　と思う。

テストⅡ　c.　以前にこの語を見たことがある。

　　　　　　　　この語の意味は　調和、平和、友愛　と思う。

テストⅢ　c.　以前にこの語を見たことがある。

　　　　　　　　この語の意味は　平和、友愛　　　　と思う。

　学生 3A は中国の新幹線の車体に"和谐"と書いてあるのを見たことがあり、読解活動を始める前の 1 回目の語彙テストでは「平和」と記述している。実際には"和谐"は「調和がとれている」「和やかである」といった意味の形容詞であり、3A の記述した「平和」と意味合いは近いのだが完全には一致せず、また名詞としては使用しないので品詞も一致しない。しかし think aloud の過程では 3A は"和谐"について「調和がとれたりして良い」と発話しており意味的にも品詞的にも正しく把握できている。第 2 回テストでは「調和、平和、友愛」と記述しており、随分と正解に近づいているが、第 3 回テストでは「平和、友愛」としており、学習の記憶は定着していない。

4.4.5　学生 3C のケース

4.4.5.1　学生 3C の語彙処理プロセス

⑯現在没有价值的研究，以后有可能带来无限的价值。⑰现在只供少数人享用的技术，以后也可能造福大众。

　3C37：hh 今、意味を持たない研究が（1.0）後に（2.0）とても（2.0）限り

ない価値？　ま、大きな価値を持つこともありうる。今は、少し
の人にしか利益を、少しの人にしか利益をもたらさない技術も(2.0)
後には多くの人に幸福をもたらすこともありうる。

＊37：少し待ってもらってもいいですか？　ここ最初線引いてくれてま
すよね（⑰"造福"を指す）。今、どう訳しましたか？

3C38：幸福をもたらす。

＊38：どうしてそう思いましたか？

3C39：これも（⑰"享用"に線を引く）なんか、なんとなく字のイメージ
で訳したんですけど、なんか日本語のイメージで、けど、うーん、
なんて言うんだろ、反対、これと反対（⑯"没有价值"を指す）の
ことを言ってるから（⑰"造福"を指す）、うーん。

＊39：どうして反対のことを言ってると思いましたか？

3C40：こっちは、【没有价值】（⑯"没有价值"に波線を引く）、【有】（⑯"有
可能带来"の"有"と"带来"の下に波線を引く）、【有】これは違う
か（先ほど"有"の下に引いた波線を消す）、これ（⑯"无限的价值"
の下に波線を引く）、(2.0)これも反対で（⑰"现在只供少数人享用的
技术，以后也"と指でなぞる）、これも少数と（⑰"少数人"を指す）
たくさんの人で（⑰"大众"に線を引く）反対、を言っていて(3.0)、
うーん、これは（⑰"享用"を指す）なんか日本語のイメージから、
少数の人にとって（⑰"少数人"を指す）、あのー、いい（⑰"享用"
を指す）技術（⑰"技术"を指す）、だから、これは（⑰"造福"を
指す）多くの人に（⑰"大众"を指す）いい（⑰"造福"を丸く囲む）、
みたいなイメージ？　の単語だと思って（⑰"造福"を丸く囲む）、
ま、これは造り出すっていうイメージで（⑰"造福"の"造"を指す）、
こっちは幸福の福（⑰"造福"の"福"を丸く囲む）のイメージだ
から、まぁそれで、いいイメージのかんじでちょっと訳した。

＊40：この単語知ってましたか（"大众"を指す）？

3C41：なんかこれ、うん。知ってた。これ2個では初めて見たんですけ

第4章　長文読解の中での学習者の語彙習得

ど（"大衆"に線を引く）、こっちだけ（"衆"を指す）。うん。

＊41：これも実は知らなかったのかな（"享用"を指す）？

3C42：これは（"少数人"を指す）、これと反対と思って（"大衆"を指す）、これはなんか（"享用"を指す）【用】は（"用"を指す）、まぁ、用いる？　これはなんか（"享"を丸く囲む）日本語でいいっぽいイメージだった気がするなぁっていうだけでした。

　続いて学生3Cの⑯と⑰の発話プロトコルを見ていきたい。学生3Cが下線を引いていたのは⑰の"享用（享受する）"と"造福大衆（多くの人に恩恵をもたらす）"である。

　3Cは第1回テストでは「"享用"という語を見たことはない」を選択しているのだが、当初は"享用"には下線を引いておらず、3C37で「利益をもたらす」と発話している。しかし3C39では「なんとなく字のイメージで訳した」と述べ下線を引き、「日本語のイメージ」と発話している。そして3C42では"用"の字を「用いる」、"享"の字を「日本語でいいっぱいイメージだった気がする」と説明している（漢字のイメージ）。

　そして"造福大衆"に関しては、3C37で「多くの人に幸福をもたらす」と発話している。3C39では、そのように考えた理由について1つ前の⑯の文と⑰の文が対応していることを説明しようとしている。3C40では⑯の文を指し、文中の"没有価値（価値がない）"と"无限的価値（無限の価値）"が意味的に対立していることを指摘しており、同様に⑰の文でも"少数人（少数の人）"と"大衆（大衆、多くの人）"が対立の関係にあると述べた上で、"少数人享用的技術（少数の人が享受している技術）"が「少数の人にとっていい技術」であるならば、"造福大衆"は「多くの人にいいというイメージの単語」だと考えている（談話知識）。また"造福"の"造"が「造り出す」のイメージで"福"は「幸福」の「福」であるとも発話している（漢字のイメージ、L1語彙連想）。

131

⑲当限制性内切酶在1970年被发现的时候，没有人料到它们会迅速地带来这场医学革命。

3C45：（　前略　）これは全然わからない（"当限制性内切酶"に線を引く）。これはなんか（"当限制性内切酶"を指す）切るところもわからなくて、でも1970年代になんかこれ（"当限制性内切酶"を指す）発見された時に、誰もそれ（"当限制性内切酶"を指す）、これが（"当限制性内切酶"を指す）早く、こんなに早く、うん？　早く、医学革命をもたらすとは思わなかった。

＊45：この字はどういう意味だと思いましたか？　この単語（"料"を指す）。線引いてくれてますよね。

3C46：すい、すい、す（3.0）うん、推測みたいな。

＊46：何故そう思いましたか？

3C47：うーん、こんなん。こんなかんじの（余白に"预料"と書く）。

---

⑲の文では"限制性内切酶（制限エンドヌクレアーゼ）"という専門用語が使用されている。実際の教材の中では課文に注釈があり説明が添えられているが、調査では学習者がどのように語彙知識を獲得するかを調べるため、注釈をつけずに読解活動を実施した。3Cは⑲の文では"当限制性内切酶"と"料"に下線を引いている。

"当限制性内切酶"に関しては3C45で「全然わからない」と発話しており、「切るところもわからない」と発話していることから、語句の構造や語構成を考慮していることがわかる。

"料（推測する）"に関しては3C46で「推測みたいな」と述べており、3C47では「こんなかんじの」と発話しながら"料"の漢字を使用した"预料（予想する、予測する）"という語を紙の余白に書いており、ここでL2語彙連想を行っていることがわかる。

第4章　長文読解の中での学習者の語彙習得

㉓地球总有一天会再次被大流星撞上导致物种大灭绝，在预测到这种情况时，发射核武器将流星炸毁或改变轨道，是目前我们所能想到的拯救地球的惟一办法。

3C67 :（　前略　）で、これは（"总有"のあたりを指す）、最初、ここから（"再次"の前に区切りの線を書き込む）(2.0) ここまで（"导致"と"物种"の間に区切りを書き込む）、ここまでかな（"物种"と"大灭绝"の間に区切りを書き込む）？　全然わからなかったんですけど、この後ろ先に見て（"在"から後ろを指す）飛ばして、で、この状況を考え、予測した時に（"预測"を丸く空で囲む）、核兵器を発射することは、これが（"将"に矢印を書き込む）、あのなんか、【把】みたいなやつ（先ほど書いた矢印の根元に"把"と書く）やから、これがこれに（"流星"に波線を引き、先ほど書いた"把"から"流星"に向かって矢印を書き込む）かかってると思って、これを（"流星"を丸く囲む）なんか爆発みたいな（"炸毁"を指す）、したり、或いは軌道を変える、変えるってあったんで、んー、こっちに戻って（"再次被大流星撞上导致物种大灭绝"を指す）、あ、これで（"将"の後の"流星"に波線を引く）今度これと一緒（最初の"大流星"に波線を引く）のものだから、で、これが（"被"を丸く囲む）、えっと受け身？　受け身で（"被"の上に「受け身」と書く）、これに（"大流星"を指す）何かされた（"撞"の字を指す）、で、これが（"灭绝"を指す）、絶滅みたいなかんじ。絶滅じゃないか、まぁなんかそんなかんじと思って、で、これによって（"大流星"を指す）なんかされただから（"灭绝"を指す）、これが（"大流星"を指す）、この（"撞"の字をペンで指す）これし（"撞"の字を指でも指す）、これが（"大流星"の上に"S"と書く）こうだと思って（"撞"の字の上に"V"と書く）、で、されて（"撞上"をペンで指す）、何かが（"物种"をペンで指す）絶滅ってなって（"灭绝"を指す）、まぁそんなかんじで。

133

＊67：今聞いてると、この、この"V"のこの漢字（"撞"の字を指で指す）
　　　もわからないですか？

3C68：ばーんってなる（手と手を叩きあわせる）。

＊68：じゃあ、これはわかるね（"撞"の字を指す）。

3C69：うん。で、これは（"是目前"のあたりを指す）私たちが（3.0）思い
　　　つく地球を救う唯一の方法だ。

＊69：じゃあ、結局何が地球を救う唯一の方法なんですか？

3C70：核兵器が、これわからんな（"将"の後の"流星"を指す）、（3.0）、ん、
　　　隕石？　違う、流れ星、なんかこれ（"流星"をぐるぐる丸く囲む）、
　　　これが（"流星"を指す）地球を、に、落ちるのを（手と手を叩きあ
　　　わせる）核兵器によって防ぐこと。

＊70：核兵器はどうやったら防ぐんですか？

3C71：発射したら。

＊71：発射してどうなるんですか？

3C72：（"発射"を指す）発射して、核兵器をこいつに当てる（"将"の後の
　　　"流星"を指す）。

＊72：こいつに当てる？　うん。わかりました。じゃあ、もしもこいつ
　　　に当てなかったら（"将"の後の"流星"を指す）どうなるんですか？

3C73：（"物种大灭绝"をなぞる）ぶつかって、地球にぶつかってきて、な
　　　んか、大惨事が起きる。

　続いて㉓の発話プロトコルを見てみたい。学生3Cは3C67では㉓の文の
"再次被大流星撞上导致物种"を指し示し「全然わからなかった」と発話し
ている。そのため、まずは文を先に読み進めるのだが、読み進めた先の
"将"の字が"把"構文の"把"と同じ働きであることを説明しており、"发
射核武器将流星炸毁"が「核兵器を発射することで"流星"を爆発させる」
という内容であると把握できている。この箇所では"把"構文の知識、つま
りは文法・統語知識が活かされていることがわかる。その後、学生3Cは

第4章　長文読解の中での学習者の語彙習得

"再次被大流星撞上导致物种大灭绝（再度巨大彗星の衝突によって種が大絶滅する）"の部分に再び戻り、後半の"流星"と前半の"大流星"が同じものであることを指摘した上で、"被"の字から受身の文であると述べ、"大流星"に"S"と書き込み、"撞（ぶつかる、衝突する）"には"V"と書き込んでそれぞれが主語と動詞の関係にあることを説明している。ここでも受身構文であることから意味をつかんでおり、再び文法・統語知識が使用されていることがわかる。そして3C70では"流星"のことをやはり「わからんな」としつつも、「隕石」「流れ星」と発話している。3C70および3C73での発話を見ると㉓の文の内容をおおむね把握できていることもわかる。

4.4.5.2　学生3Cの語彙習得状況

・享用

テストⅠ　a.　以前にこの語を見たことはない。

テストⅡ　e.　この語を使って文を作ることができる。

　　　　　　　这是很多人享用的医疗技术。

　　　　　意味は　有益

テストⅢ　b.　以前にこの語を見たことはあるが、意味はわからない。

　学生3Cは第1回テストでは「"享用"という語を見たことはない」を選択しているのだが、読解活動前には課文の"享用"に下線を引いておらず、未知語であるということに気がついていない。そしてthink aloudの過程で「利益をもたらす」と発話し、後から下線を引いている。"享用"は「享受する」という動詞なのだが、3Cはthink aloudでは「利益をもたらす」と発話しており、第2回テストでは「有益」という記述になっている。作文の際には"这是很多人享用的医疗技术（これは多くの人が享受している医療技術である）"という文を作成しており、これは中国語の文としてはやや不自然で、"享用"の前に「〜できる」という意味の助動詞"能"や"可以"を入れると自然になるのだが、意味的には"享用"の使用は間違えていない。しかし第3回テ

135

ストでは「以前にこの語を見たことはあるが、意味はわからない」を選択している。

・造福

テストⅠ　a.　以前にこの語を見たことはない。

テストⅡ　e.　この語を使って文を作ることができる。

　　　　　　　这些新药应该造福很多病人。

　　　　　　　意味は　幸福をもたらす

テストⅢ　e.　この語を使って文を作ることができる。

　　　　　　　这种新药造福很多病人。

　　　　　　　意味は　幸福をもたらす

　"造福"についても第1回テストでは「以前にこの語を見たことはない」を選択しているが、第2回テスト、第3回テストはともに「幸福をもたらす」と記述し、作文に関しては第2回テストでは"这些新药应该造福很多病人（これらの新しい薬はたくさんの病人に幸福をもたらすはずだ）"、第3回テストでもよく似ているが"这种新药造福很多病人（この新しい薬はたくさんの病人に幸福をもたらす）"という文を産出している。どちらの文も"造福"の前に「～できる」という意味の助動詞"能"或いは"可以"などが必要なのだが、意味的には正しく産出できるようになっている。

・料到

テストⅠ　a.　以前にこの語を見たことはない。

テストⅡ　e.　この語を使って文を作ることができる。

　　　　　　　我没有料到这么不好的结果。

　　　　　　　意味は　予測する

テストⅢ　e.　この語を使って文を作ることができる。

　　　　　　　我没有料到这样的结果。

第4章　長文読解の中での学習者の語彙習得

意味は　<u>想像する　予想する　　　　　</u>

　3Cは"料到"も第1回テストでは「以前にこの語を見たことはない」を選択しており、think aloudでは「推測みたいな」と発話している。第2回テストでは意味を「予測する」と記述し、作文でも"我没有料到这么不好的结果（私はこれほど悪い結果は予測していなかった）"と意味的にも文法的にも正しく産出できている。第3回テストでも意味を「想像する」「予想する」と記述し、"我没有料到这样的结果（私はこんな結果を予想しなかった）"とやはり意味的にも文法的にも正しく産出できており、産出語彙として習得できていると見なすことができる。また、第3回テストの際に3Cは「どこで見たか全く思い出せないが、"没有料到"で『予想しなかった』『予想がつかなかった』が先に思いつきました」と発言している。読解活動で使用した課文の⑲は"没有人料到（誰も予想しなかった）"という文なので、若干異なるのだが、この文が3Cの記憶に残っていた可能性も考えられる。

・炸毁
テストⅠ　a.　以前にこの語を見たことはない。
テストⅡ　b.　以前にこの語を見たことはあるが、意味はわからない。
テストⅢ　e.　この語を使って文を作ることができる。
　　　　　　　<u>大流星炸毁了一座城市。</u>
　　　　　　　意味は　<u>ぶつかって滅ぼす的な　　　　</u>

　"炸毁"についても第1回テストでは「以前にこの語を見たことはない」を選択しており、think aloudでは「なんか爆発みたいな」と発話している。3Cは読解活動後の第2回テストでは「以前にこの語を見たことはあるが、意味はわからない」を選択しているのだが、なぜか2週間後の第3回テストでは意味を「ぶつかって滅ぼす的な」と記述し、"大流星炸毁了一座城市（巨大彗星が1つの都市を爆破した）"と意味的にも文法的にも問題なく文を

137

作ることができていた。その際に3Cは「この前のテストの文脈を思い出して考えました」と述べており、課文の内容を思い出したと考えられる。

4.5 長文読解における知識源の使用

4.5.1 長文読解における知識源の使用と語彙習得への影響

4.4では学習者のケーススタディを見てきたが、本節では以下の2つの案例から、学習者が未知語の処理をする際に、知識源をどの段階でどのように使用し、それが語彙習得にどのような影響を与えているのかを語をベースに考察していきたい。

4.5.1.1 未知語の推測に成功したケース

まずは未知語の推測に成功して、語彙の習得につながったケースから見ていきたい。下記は学生2Aの"门柄（ドアノブ、取っ手）"という語の処理プロセスと習得状況である。以下で2Aは、"门柄"という語の意味を導き出すまでに、5種類の知識源を計8回利用している。

なお便宜上、以下では学習者が引いた下線は当該語以外は示していない。

②像拉门柄、拉拉链、扣纽扣、扳汽车排挡、拿剪刀、开瓶塞罐头，诸如此类的事使他们感到非常吃力。

2A06：えーっと（3.0）で、ここは、たぶん何かしらのものが列挙されている 文法・統語 （"拉门柄""拉拉链""扣纽扣""扳汽车排挡""拿剪刀""开瓶塞罐头"を順番にペンで指す）。ですけど、ちょっと、まだ、今もまだあまり、わからない（"拉门柄""拉拉链"をペンで指す）。

*06：いっこもわからない？　わかりそうなところがあったら、たぶんでいいからね。

2A07：たぶん（1.0）これはちょっと（2.0）あんまりわからない（"拉门柄"
をペンで指す）。で、これは（"拉拉链"をペンで指す）、鍵（"链"を
ペンで丸く囲む）。何の鍵？　なんかこの2文字（"拉拉"をペンで指
す）がわかんないんですけど、なんかの鍵かな（"链"を再びペン
で丸く囲む）。で、これはなんかの紐（"扣组扣"の"组"を丸く囲む）
かな。で、これは車の（"汽车"をペンで指す）、車の何か（"排挡"
をペンで指す）。これは、うーん、ハサミかな（"剪刀"をペンで丸
く囲む）。

＊07：どうしてそう思いましたか？

2A08：なんか、とりあえず左利きの人が（タイトルの"左撇子"をペンで
指す）、主題になってるから、これはたぶんここに載っているの
は（"拉门柄""拉拉链""扣组扣"を順番にペンで指す）、何かしら左
利きの人が使用するのと関係した単語？　　談話　（後略）

（中略）

＊10：うん。ちょっとじゃあ質問しますね。これって、これで1つのか
たまりだと思いますか（"拉门柄"をペンで四角く囲む）？　これで
1つのかたまりだと思いますか（"拉拉链"を四角く囲む）？　これ
で1つのかたまりだと思いますか（"扣组扣"を四角く囲む）？　こ
れはどこまで？　これで1個なんかな（"扳汽车排挡"を囲む）？
1つの単語？　かたまり？　なんかな？

2A11：あー、これは、これ全部（"像拉门柄"をペンで四角く囲む）。

＊11：あ、これ4個？

2A12：かな？　あ、最初見た時は、【像】がなんかちょっと（"像"をペ
ンでぐるぐる丸く囲む）、何々【一样】みたいな、なんかなって思っ
たんですけど　文法・統語　、今見たら、たぶんそうでもなさそう。
まぁ、これたぶん4つ（"像""拉""门""柄"の字を順番にペンで指す）
かな。

＊12：4つ？

2A13：この、えっと、点で（"、"をペンでぐるぐる丸く囲む）たぶんそれぞれ
　　　単語が（"像拉门柄""拉拉链""扣纽扣""扳汽车排挡"の間の"、"を順
　　　番にペンで指しながら）切られてるんかなと思うんで 文法・統語 、
　　　それぞれ、3つ（"拉拉链"をペンで指す）、3つ（"扣纽扣"をペンで
　　　指す）、4……5つ（"扳汽车排挡"をペンで指す）、3つ（"拿剪刀"を
　　　ペンで指す）、5つ（"开瓶塞罐头"をペンで指す）、の単語。あぁ〜
　　　〜でも、ちょっと待って。

＊13：うん？

2A14：あぁ、はい。ん？　あぁ、でも、そっか。ちょっと、ん？　ちゃ
　　　うか、ちゃうか。あっ（4.0）ん？　あぁ、いや、もしかしたら違
　　　うかもしれない。なんか、動詞と名詞で一緒かな 文法・統語 （"拉
　　　门柄"をペンで四角く囲む）。

＊14：例えば？

2A15：例えば、わかりやすそうな、なんか、これ（"拿剪刀"をペンで指す）？
　　　【拿】って、たぶん動詞なんで（"拿"をペンでぐるぐる丸く囲む）、
　　　【拿】。で、（"剪刀"をペンで四角く囲む）後ろの【剪】ん、なんと
　　　か（"刀"をペンで丸く囲む）、で【开】（"开"をペンで丸く囲む）（1.5）
　　　【瓶】（"瓶塞罐头"をペンで指す）【塞】なんちゃらかんちゃら、動
　　　詞とあれで一緒かな、名詞で作られてるから、かもしれない。

（　中略　）

＊18：こっちは（"像拉门柄"を指す）？

2A19：これも、なんか確信はないけど、これが動詞かも（"像"をぐるぐ
　　　るペンで丸く囲む）。

＊19：それが動詞？　はい。わかりました。意味はわからない？

2A20：うーん、ハサミを持つ（"拿剪刀"をペンで指す）、うん。この（"开
　　　瓶塞罐头"の"开"をペンで丸く囲む）、えっと、瓶（"瓶"をペンで
　　　指す）の塞がった（"塞"を指す）hh頭（"罐头"を丸く囲む）を開け
　　　る、イコールなんか、栓を開ける（栓を抜くジェスチャー）みたいな、

第4章　長文読解の中での学習者の語彙習得

かな。これはちょっと（"扳"をペンで丸く囲む）、わかんない、この4つは（"像拉门柄""拉拉链""扣纽扣""扳汽车排挡"を順番に指す）。

　　　　　　　　　　　　（　中略　）

2A23：あー、うん。そう、なんか（"吃力"を丸く囲む）、左利きの人が、左利きのもの（左手を開けて握る動作）？　左利きの、人の、用のものってあんまりない気がするから。こういうもの（"拉门柄""拉拉链""扣纽扣""扳汽车排挡""拿剪刀""开瓶塞罐头"と順番にペンで指しながら）があるから左利きの人も、右利きの人と同じように、こういう専用の、左利き専用のもの（"拿剪刀"を丸く囲む）があると、使いやすくて嬉しい。　一般常識

＊23：これは、じゃあ（"拉门柄""拉拉链""扣纽扣""扳汽车排挡""拿剪刀""开瓶塞罐头"と順番にペンで指しながら）左利き専用のものってこと？　この辺に列挙されているものは。

2A24：専用っていうか、いや専用というか、右利きのものもあるけど、左利きの人用にも作られてるものかな。

　"门柄"という語は②の文と⑪の文で2度使用されている。まずは②の文を見てみたい。

　②の文では学生2Aの未知語が複数並んでいる。②の文を見た際に学生2Aは最初は2A06で「たぶん何かしらのものが列挙されている」と発話しており、ここで文法・統語知識を利用していることがわかる。しかし、その後に「今もまだあまり、わからない」と発話している。2A08では談話知識を利用し、「左利きの人が主題になってるから」「左利きの人が使用するのと関係した単語」が羅列されていると考えている。

　②原文の"像拉门柄、拉拉链、扣纽扣、扳汽车排挡、拿剪刀、开瓶塞罐头"の箇所は、本来であれば"像（例えば〜のような）"という動詞が"拉门柄（ドアノブを引く）""拉拉链（ファスナーを引く）""扣纽扣（ボタンをかける）""扳汽车排挡（車のギアを入れる）""拿剪刀（ハサミを持つ）""开瓶塞罐头

141

（ボトルの栓や缶詰を開ける）”とそれぞれの語句にかかるのだが、2A11での発話を見ると学生2Aは“像拉门柄”で1つの語句であると考えており、正しく構文をつかめていないと思われる。しかし2A12では“像……一様（まるで〜と同じ）”という構文に関して述べており、ここでは文法・統語知識を活用していることもわかる。

次に2Aは2A13で並列符号の“頓号（、）”を指しながら、それぞれの語句がいくつの漢字によって成り立ち、どこに語句の切れ目があるのかを説明している。しかし直後に「あぁ〜〜でも、ちょっと待って」と発話しており、ここで何かしらの気づきがあったと思われる。その後「いや、もしかしたら違うかもしれない」としつつも、2A14と2A15ではそれぞれの語句が動詞＋名詞で成り立っていることを説明しており、2A13での「気づき」は各語句の構造への気づきであったことがわかる。しかし“像拉门柄”に関しては、2A19で“像”が動詞であると発話しており、やはりここでも正しく構文を把握することはできておらず、2A20でも「ちょっと、わかんない」と発話している。

⑪此外，人们还制造出左撇子使用的镰刀，<u>门柄</u>装在右边的冰箱，左撇子使用的小刀，甚至萨克斯管。

2A89：この他に、この他というのは（“此外”を丸く囲む）たぶんこの、こういう（⑩の“步枪”と“垒球手套”を指す）道具以外に人々はまたつくり出した、左利きの人が使用する、これは（“镰刀”を丸く囲む）、鎌、刀。鎌と刀。で、<u>これはちょっとわからなくて（“门柄装”を丸く囲む）(6.0) で、これは（“在右边的冰箱”をなぞる）なんか冷蔵庫の右？　ちょっとあんまり理解できてないけど。</u>で、あとは左利きの人が利用する小が……（“小刀”を指す）、うーん、何か鋭利なもの。で、これも同じ（“甚至”を指す）、なんかさっき言ってたのと。えっとまぁ甚だしきに至っては。なんか（“萨

第 4 章　長文読解の中での学習者の語彙習得

克斯管"を丸く囲む）、わかんないですけど。なんか、てかんじかな。
道具みたいな、かんじかな。
　　　（　中略　）（この間2Aは"鎌刀"について説明している）
＊90：これは何かわからない？（"门柄"を指す）
2A91：うーん、あぁ、なんか、え？　取っ手か（"门柄装"に線を引く）。
＊91：どうしてそう思いましたか？
2A92：扉（"门"を丸く囲む）、あ、【门】、【门】、【门】 L2語彙連想 、扉。
　　　持つところ（"柄"を指す）。
＊92：なんでそう思いましたか？　なんでこれが持つところ？
2A93：あぁ、なんか、柄、日本語の柄って、言いますよね？ L1語彙
　　　連想 （下の空白に「柄」と書きかける。木偏のみ書く）たぶんそれと
　　　同じ意味なんかなと思って持つところ。で、これは、ちょっと
　　　わからない（"装"を丸く囲む）。うん。ここと（"门"を指す）ここ
　　　から（"柄"を指す）。

　2Aは⑪の文で使用されている"门柄"を見た際にもやはり「これは
ちょっとわからなくて」「ちょっとあんまり理解できてないけど」と発話し
ているが（2A89）、その後＊90で筆者が"门柄"について「これは何かわか
らない？」と質問すると、2A91で「うーん、あぁ、なんか、え？　取っ手
か」と発話しており、この段階で「取っ手」であると気づいたことがわか
る。このような気づきに至った理由について、2A92では"门"が「扉」の
意味であるとして（L2語彙連想）、"门""门""门"と繰り返し中国語で発話
して、「扉」と訴えている。続いて"柄"の字を指しながら「持つところ」
と述べており、そのように考えた理由について、2A93では「日本語の柄っ
て、言いますよね？」と述べており"柄"の字から日本語の「柄」を連想し
たことがわかる（L1語彙連想）。また、その際に「柄」という字を書こうとし
ている。これらのプロセスより最終的に"门柄"が「取っ手」という意味で
あるとの理解に至っている。

143

以下は学生2Aの3度のテスト結果である。1回目のテストでは学生2Aはa
「"門柄"という語を見たことはない」を選択しているが、2回目のテストで
は語の意味を「とって」と解答し、2週間後の遅延テストでも「ドアノブ、
とって」と解答しており、読解活動を通して受容語彙としての習得につなが
り、なおかつ記憶が定着していると考えることができる。

・門柄

テストⅠ　a.　以前にこの語を見たことはない。

テストⅡ　c.　以前にこの語を見たことがある。

　　　　　　　この語の意味は　<u>　とって　　　　　</u>と思う。

テストⅢ　c.　以前にこの語を見たことがある。

　　　　　　　この語の意味は　<u>　ドアノブ、とって　</u>と思う。

4.5.1.2　未知語の推測に失敗したケース

　次に、得点増加率が低かったケース、つまり語彙習得につながらなかった
ケースを見てみたい。以下は学生2Bが"排挡（ギア）"の意味を推測する際
の発話プロトコルである。

②像拉<u>门柄</u>、拉<u>拉链</u>、扣<u>纽扣</u>、扳汽车<u>排挡</u>、拿剪刀、开瓶塞罐头，诸如此类
的事使他们感到非常吃力。

> 2B01：（　前略　）ここら辺よくわからないんですけど（"像拉门柄""拉拉
> 　　　　链""扣纽扣"と順番に指す）、たぶん、いろいろやる時にhhh。
> 　　　　　　　　　　　　　　（　中略　）
> 2B02：（　前略　）それで(0.5)車？(29.0)（"汽车"の前後を何度も見ている）
> 　　　　<u>車の</u>（"排挡"のあたりを指している）運転？（　後略　）
> 　　　　　　　　　　　　　　（　中略　）
> 2B29：えー(7.0)、うーん(6.0)、名詞（"汽车"を丸く囲む）(3.0)、動詞（"排

挡”を丸く囲む）？　　文法・統語(失敗)これは（“扳”を指す）(7.0)、

うーん、なんだ？ (8.0) うーん (7.0)、これ「に」（“扳”を指す）、

みたいな。

＊29：うん？　もう1回言ってくれる？

2B30：これ「に」（“扳”を指す）みたいな。

＊30：「に」みたいな？　助詞みたいな？

2B31：助詞hh。

＊31：じゃあ、これで、ここから（“扳”を指す）ここまでで（“排挡”を

指す）、たぶんだけど、どういう意味だと思いますか？　想像で。

（　中略　）

2B33：あー、うーん (16.0)、車を、運転する。

＊33：うん。えーっと、これが車やんね（“汽車”を指す）？　じゃあ、

これが運転する（“排挡”）？

2B34：全然わかんないんですけど、意味は。でも、車を何かすること？

で、思いつくのが運転 談話 、だから。

　学生2Bは②文中の“排挡”を指して、2B02では“汽車”の前後を何度も
見て文のつながりを考えた上で、「運転？」と発話している。これについて
2B29では“汽車”が名詞で“排挡”が動詞、“扳”が日本語の「に」に相当
する語であると考えたと説明している。しかし実際には“扳（引く、倒す）”
が動詞で“汽車（車）”と“排挡”はどちらも名詞で、“汽車排挡”が“扳”
の目的格になる。つまり、2Bは文法・統語知識を使用しているものの、そ
の解釈は誤っており、知識源を活かすことはできておらず、ここで誤った推
測に導いている可能性がある。そして2B34では「車を何かすることで、思
いつくのが運転」と発話しており、ここでは談話知識を使用していると考え
ることができる。学生2Bは文法・統語知識と談話知識の2種類の知識源を
使っているが、実質的には知識源は談話知識1つしか活かされておらず、語

の意味の推測に失敗していることがわかる。

　以下は学生2Bのテスト結果である。学生2Bは2回目、3回目のテストともに「見たことはある」を選んでいるものの、その意味はわからないままである。

・排挡

テストⅠ　a. 以前にこの語を見たことはない。

テストⅡ　b. 以前にこの語を見たことはあるが、意味はわからない。

テストⅢ　b. 以前にこの語を見たことはあるが、意味はわからない。

4.5.2　長文読解における知識源の使用頻度

　それでは読解活動の中で、学習者はどの知識源をどれほどの頻度で利用しているのだろうか。表46では本章の調査における学習者の各知識源の使用頻度を表している。ここでは、学習者が下線を引いた語の意味を推測する際に使用していた知識源を対象として計算しており、学生1人あたりがそれぞれの知識源を使用した回数の平均値と標準偏差を算出している。なお、第3章での調査と違い、本章の調査では2年生と3年生は異なる材料を用いて調査をしている点に留意する必要がある。また、2年生が「知らない語」として下線を引いた語の数は課文の中の総語彙数140語に対して平均で29.00語（20.71％）、3年生が下線を引いた語の数は課文の中の総語彙数215語に対して平均で21.40語（9.95％）と、調査対象となるもとの語の数が異なるため、2年生と3年生の知識源の使用回数を単純比較することはできない。さらに、インタビュー形式で詳しく質問をした第3章の調査とは異なり、本章では思考発話法による学習者の自発的な発話をデータとして使用しているため、知識源の中の「漢字のイメージ」と「L1語彙連想」はどちらに分類されるのか判断が難しいケースが少なからずあったことを明記しておきたい。

　筆者は調査前の段階では、本章の長文読解の中での未知語の処理の調査に

おいては、短文を用いた第3章での調査と比較して談話知識の使用頻度が高くなるであろうと仮説を立てていた。しかし、本章での調査の結果においても第3章での調査結果と大きな違いは見られず、長文読解の中でも談話知識よりも漢字のイメージやL1語彙連想といった語素を利用した知識源の使用頻度が高かった。この結果からも、日本語を母語とする中国語学習者は、相当に語素つまりは漢字の知識に依存する傾向にあることがよくわかる。

表46　読解活動の中での知識源の使用頻度

知識源	2年生	
	M	SD
文法・統語	4.20	(4.60)
談話	9.80	(3.77)
漢字のイメージ	12.60	(7.73)
L2語彙連想	4.40	(2.07)
L1語彙連想	11.00	(6.44)
語構成	0.40	(0.89)
L2常識	0.80	(0.45)
一般常識	0.60	(0.89)
個人の体験	0.40	(0.55)
知識源総使用数	44.20	(12.56)

知識源	3年生	
	M	SD
文法・統語	4.00	(2.65)
談話	7.60	(2.97)
漢字のイメージ	10.60	(5.94)
L2語彙連想	1.80	(1.10)
L1語彙連想	7.60	(3.97)
語構成	1.60	(0.89)
L2常識	0.40	(0.55)
一般常識	1.20	(0.84)
個人の体験	0.40	(0.89)
知識源総使用数	35.20	(10.62)

4.6　未知語の意味推測において学習者が使用するストラテジー

　長文読解活動の中で学習者が未知語を推測する過程においては、知識源を利用するだけでなく、以下のようなストラテジーも併用している様子が見られた。それぞれのストラテジーの案例を学習者の発話プロトコルより考察していきたい。

　以下の発話データ内の波線部は、学習者が当該のストラテジーを使用していると考えられる箇所である。本節では、原文に学習者が引いた下線は、推

測の際にストラテジーが使用されている当該語のみを記している。

4.6.1　モニタリング

　自身の理解に対する評価や「わかる」「わからない」の評価はメタ認知ストラテジーのモニタリング（monitoring）に該当する。以下は学習者が未知語の意味を推測する際に自身の理解に対して評価をしている例である。

⑩左撇子使用的步枪、垒球手套、高尔夫球棍、鱼竿绕线栓以及滚木球，都已相当普遍。

> 2A83：（　前略　）で、これはえっとゴルフの（"高尔夫球"をなぞる）えっと、ドライバーかな（"棍"を丸く囲む）？　いや、わからない。ちょっとこれもちょっと自信ない（"棍"に線を引く）。ですけど、ゴルフのなんか道具で、これは、釣りざおかな（"鱼竿"を丸く囲む）？（　後略　）

　上記は学生2Aの⑩の文に対する発話である。2Aは"高尔夫球棍（ゴルフクラブ）"については、最初に課文に目を通した際には線を引いてはいないのだが、think aloudの段階で「ドライバーかな？」と発話しつつ、"棍（棒、ステッキ）"の字について「いや、わからない」「自信ない」と自己の推測を評価して、下線を書き入れている様子が見られた。

㉓地球总有一天会再次被大流星撞上导致物种大灭绝，在预测到这种情况时，发射核武器将流星炸毁或改变轨道，是目前我们所能想到的拯救地球的惟一办法。

> 3D12：（　前略　）地球は【总有一天】（"总有一天"の前後に区切りの線を入

れる）、ま、ある日、いつかは絶対【再次被大流星撞上……】んー
(0.5)、大（だい）、なんて言うんやろ、【大流星】、なんかこう、
隕石みたいな？　【撞上yi致】(1.0)、【再次】もう一度（“被”を丸
く囲む）、えー、隕石、【被】（“被”を指す）、隕石に（“大流星”を
空で丸く囲む）ぶつかられる（“撞”を空で丸く囲む）【yi】ん？　な
んか【yi致物種大】ん？　【yi】【撞上】【致物種大】(0.5)【大灭絶】
(0.5)【yi致】がわからないなぁ。【撞上yi致】じゃないの？　【地
球総有一天会再次被大流星】ん？　【大流星撞上】(1.0)あ、なん
か導いてるのか、あ、【致】そういう、ある種の、大絶滅（“大灭絶”
を丸く囲む）を導く……。地球はいつかまた、隕石に【被大流星
撞上……】(0.5)隕石にぶつかられて、ある種の大絶滅に、至る？
【yi致】(1.0)かな？　【撞上】(0.5)【撞】って文法的に、【撞上】【yi
致物種】【撞上yi致物種】ぶつかられて、ある種の大絶滅に、至っ
てしまう、みたいなかんじなんかな。でもちょっと文法があんま
りうまくいってない気がする。【再被大流星撞上……】【再次被大
流星撞上……】【yi致】【撞上】【yi致物種】なんか動詞（“导致”を
指す）だと思うんですけど、動詞（“撞”を指す）、動詞（“导致”を
指す）で続いてるかんじがちょっとしっくりこないですけど、ぶ
つかられて、ある種の大絶滅が起こってしまう、みたいなかんじ
かな。（　後略　）

　上記は学生3Dの発話プロトコルである。ここでは㉓の文の中の“导致
（引き起こす、もたらす）”の推測プロセスを見ていきたい。3Dは当初「“yi致”[8]
がわからないなぁ」と発話しているが、その後「導く」「至る」と意味の推
測をしている。これらの推測はそれぞれ“导致”の“导”と“致”の漢字か[9]
ら推測していると思われるが、その後、文法知識を利用したのか、「でも[10]
ちょっと文法があんまりうまくいってない気がする」「ちょっとしっくりこ
ない」と発話しており、ここではモニタリングを行っていると考えることが

できる。

4.6.2　自問自答

　以下はテキストや語、推測を学習者が自問自答（self-inquiry）している例
で、これもまたメタ認知ストラテジーの1つであると言える。

②像拉门柄、<u>拉拉链</u>、扣纽扣、扳汽车排挡、拿剪刀、开瓶塞罐头，诸如此类
的事使他们感到非常吃力。

> 2A07：たぶん（1.0）これはちょっと（2.0）あんまりわからない（"拉门柄"
> 　　　　をペンで指す）。で、<u>これは（"拉拉链"をペンで指す）、鍵（"链"を</u>
> 　　　　<u>ペンで丸く囲む）。何の鍵？　なんかこの2文字（"拉拉"をペンで指</u>
> 　　　　す）がわかんないんですけど、<u>なんかの鍵かな（"链"を再びペン</u>
> 　　　　<u>で丸く囲む）。</u>で、これはなんかの紐（"扣纽扣"の"纽"を丸く囲む）
> 　　　　かな。（　後略　）

　学生2Aは②の文で"拉链（ファスナー）"の"链"の字を見て「鍵（かぎ）」
と発話しており、L1語彙連想を行っていることがわかる。しかし"拉链"
の"链"の字は本来日本語では「鏈（レン、くさり）」に対応し、「鍵（かぎ）」
と対応する中国語の簡体字は"键"である。上記の発話では、2Aが推測し
た後に「何の鍵？」「なんかの鍵かな」と自身の推測に対して自問自答をし
ている様子が見られる。

⑤人们为他们制造了右手<u>柄</u>上附有一面镜子的<u>剃须杯</u>。

> 2B89：はい。うーん、【鏡子的】これが（"剃须杯"を指す）うーん（ぶつ
> 　　　　ぶつ言って"制造了右手柄上附有"をなぞる）（3.0）、たぶん、人は<u>左</u>

150

第4章　長文読解の中での学習者の語彙習得

　　　利きの人たちのために何かを作った。で、右手の、右の、右の、
　　　何。右の、何かに（"柄"を丸く囲む）、一面の鏡がある何か（"剃
　　　須杯"を指す）を左利きの人たちのために作った。で、右の、な
　　　んかっていうのは（"柄"を指す）、右の、【手】、なんだろう（13.0）、
　　　右の、なんか持つところに（2.0）。

　　　　　　　　　　　　（　中略　）

2B91：に（"上"を指す）、右の持つところ……？（3.0）なんだろう？（2.0）
　　　今考えてるのは、その左利きの人にとって、困る、もので、どん
　　　なのが困るんだろうって考えてます。どんなものが（5.0）。これ
　　　が全然わかんないです（"剃須杯"を指す）。（4.0）剃る（"剃"を指す）？
　　　杯（はい）（"杯"を指す）、えーっ？　（4.0）わかんないですhh。

　⑤の文では学生2Bは"柄上附"[11]"剃須杯"と2箇所に下線を引いている。
2Bはまず2B89で談話知識を利用し「左利きの人たちのために何かを作った」
と発話している。そして"柄（柄、取っ手）"と"剃須杯（ヒゲそり用カップ）"
をそれぞれ指して「何か」と言った後に、2B91では「右の持つところ」と
述べ、「なんだろう？」「左利きの人にとって困るもので、どんなのが困るん
だろうって考えてます」と発話しており、ここではテキストおよび未知の語
について自問自答していると考えることができる。

⑬基因工程不过是使这个创造过程更有意识、更有效率而已。

3D06：（　前略　）【基因工程不过是使这个创造过程更有】この【基因】っ
　　　ていうのが、んー（1.5）なんか、で、後ろにこのさっき単語だけ
　　　で出てきた時はちょっとよくわからなかったけど、工程っていう
　　　（"工程"を丸く囲む）、これがつくとこうなんか基礎的な工程？　っ
　　　てことかな？（　中略　）でも基礎工程ってなんやろ。選び取っ
　　　たりするってことかな？　えー？　でも違うな。んー（1.5）、まぁ、

151

> 何かしらの (0.5)、なんだろ、基礎工程？　千年前やから、昔に
> されてた工程ってことかな？　今みたいな、あ、今みたいに複雑
> な科学とかじゃなくて、(⑫ "几千" を指す) 千年前とかにされて
> た基礎的な、本当に簡単な工程は、この創造の過程に意味を与え
> るだけじゃなく、効率化ももたらした。うん、そういうことにし
> ます。

　上記は学生3Dの⑬の文における "基因工程（遺伝子工学）" の推測である。当初3Dは "基" の字から連想したのか "基因（遺伝子）" を「基礎的」と解釈し、"基因工程" について「基礎的な工程」と発話している。しかし、自身の推測に対して「でも基礎工程ってなんやろ」「選び取ったりするってことかな？」と自問自答し、最終的には⑬の文の1つ前の⑫の文に "几千年来（数千年にわたる）" と書かれていることから談話知識を利用し、「千年前やから、昔にされてた工程ってことかな？」と理解して「今みたいに複雑な科学とかじゃなくて、千年前とかにされてた基礎的な、本当に簡単な工程」という推測に至っている。

4.6.3　字を書く

　以下は、数名の学習者に見られた「字を書く」というストラテジーである。このストラテジーは全ての学習者が使用していたわけではなく、2A、3A、3Cのみが使用しており、この3名は高い頻度で「字を書く」というストラテジーを使用していた。

　上述の「モニタリング」や「自問自答」は、読解ストラテジーや語の意味推測に関する先行研究でも、学習者がよく使用するストラテジーとして挙げられているが（Nassaji 2003, 2004；菊池 2004, 2006；劉頌浩 2016など）、本調査で見られた「字を書く」というストラテジーは先行研究ではあまり見られない。これは漢字知識を持つ日本語を母語とする中国語学習者特有のストラテ

ジーなのかもしれない。

③人们在设计这些东西时<u>往往忽视左撇子</u>的需要,因而给他们造成了不少麻烦,有时甚至使得他们感到十分沮丧。

2A34：あ、漢字はこっちは見た（"忽視"の"視"を丸く囲む）。こっちはちょっと見当つかない（"忽"を丸く囲む）。で、【往往】こっちはなんか（"往往"を指す）、なんか、【往常】っていう（"往常"と空書）、いつもっていう、あの別の、この【往】（"往往"を指す）を用いた熟語を知ってるから。それで使われてる【往】と同じ意味やったら、いつもっていう意味でいいんかなって思って。

　上記は③の文における学生2Aの発話である。2Aは③の文では"往往忽視左撇子的"に下線を引いている。そして2A34では下線部の中の"往往（往々にして）"から"往常（日ごろ、普段）"を連想し（L2語彙連想）、その際に"往常"と発話しながら空で指を使って字を書いている（空書）。

⑬<u>基因工程</u>不过是使这个创造过程更有意识、更有效率而已。

3A04：ここはわかんなかったんで、<u>基本的な</u>（紙に"基"と書く）<u>因</u>（"因"と書く）っていうなんか2つあったんで、<u>基本っていうのが思いついて</u>（先ほど書いた"基"の下に"本"と書く）、因は因果関係（先ほど書いた"因"を丸く囲む）とか言うんで、理由みたいな、そんなこれは（先ほど書いた"因"をぐるぐる丸く囲む）あんまり思いつかなかったけど、なんかくっついたんかなぁと思いました。はい。

　上記は学生3Aの発話プロトコルで、ここでは⑬の文中の"基因工程（遺伝子工学）"をどのように理解したのかを説明している。その際に学生3Aは

"基因"の"基"という字をプリントの余白に書きながら、「基本的な」と発話し、自身で書いた"基"の字の下に"本"と書いている。同様に"基因"の"因"の字もプリントに書き込み、「因果関係」と発話しており、ここではL1語彙連想と併用して「字を書く」というストラテジーを使用している。

生物技术的是是非非

3C01：生物の、技術の、これ（"是是非非"を指す）わかんないです。

＊01：何か思い当たるものはないですか？

3C02：(4.0)うーん、こっち（"非"を指す）は、マイナスのイメージかなっていう気はする（余白に字を書く）。

＊02：今書いていたのは、あれは何を書いていましたか？

3C03：これ、これ（「非」と書く）かな？　でも字体が（違う）。これのマイナス、だめっていう方の意味かなって思ったんですけど、なんかちょっと字がこんなんだったんで（2つの字体を比較する）。[12]

＊03：こっちは何だと思いますか（"是"を指す）？

3C04：あ、是と非か（余白に「是と非」と書く）。たぶん、いいことと悪いこと（自分で書いた「是」と「非」を交互に指す）みたいなかんじだと思う。（　後略　）

　上記は学生3Cが課文のタイトル"生物技术的是是非非（バイオテクノロジーの是非）"を見た際に発話したプロトコルデータである。3Cは"是是非非（是非）"について3C01で「わからない」と述べ、3C02では"非"の字を指し、「マイナスのイメージかな」と発話し（漢字のイメージ）、何か字を書いている。筆者に何を書いたのか質問をされると、3C03で再び「非」と書いた後に、自身の書いた日本語の「非」の字とプリントに書かれている"是是非非"の"非"の字を比較して「でも字体が違う」と述べている。その後3C04で「是」と「非」と気がつくと、今度はプリントの余白に「是と非」

第4章　長文読解の中での学習者の語彙習得

と書き、自身の書いた字を交互に指しながら「いいことと悪いことみたいなかんじ」と発話している。ここでも字を書きながら自身の考えを述べたり、自身の書いた漢字とプリントに印刷されている漢字を比較している様子が見られる。

4.6.4　L2発話

　L2発話は3年生が非常に高い頻度で使用していたストラテジーである。一方で2年生の使用頻度はそれほど高くはなかった。これは、学習歴が短い学生には読み方がわからない漢字がまだ多かったためであると予測される。

　未知語の意味推測や読解ストラテジーに関する先行研究の中では、調査の中で学習者が母語を使用してthink aloudを実施しているケースは主流ではなかった。これは調査者が学習者の母語を理解しないケースが多いためで、学習者は自ずと全てL2で発話している。そのため、ストラテジーとしてのL2発話に言及している先行研究はあまり見られない。

⑪此外，人们还制造出左撇子使用的镰刀，门柄装在右边的冰箱，左撇子使用的小刀，甚至萨克斯管。

2C120：	【sā、kē、lā、guǎn、sā、kē、sī、guǎn】[13]、なんか、カタカナっぽそうです。なんだろ。
＊120：	なんでカタカナっぽそうと思いましたか？
2C121：	うーんと (3.0) なんかチョコレートの、チョコレートにこれ（"克"を指す）が使われたり、「ロシア」の字の中にこれ（"斯"を丸く囲む）があったり、外来語によく使われてるかな～みたいなイメージ、のある漢字が含まれてて、外来語かなって。
＊121：	うん。なんやろ？
2C122：	【sā、kē、lā……】なんでしょ (5.0) うーん、わかんないです。

上記は学生2Cの⑪文中"萨克斯管（サックス）"に対する発話である。学生2Cは2C120で"萨克斯管"を中国語で読もうと何度か試みている。正確な発音では読めていないのだが、2Cはここで「なんか、カタカナっぽそうです」と発話している。2C121では、そのように考えた理由について述べているが、"萨克斯管"の"克"の字から"巧克力（チョコレート）"、"斯"の字から"俄罗斯（ロシア）"をそれぞれL2語彙連想しており、「外来語によく使われてる」と発話している。そして2C122では再度中国語で発話しようとしている様子が見られ、ここではL2で発話して考えるというストラテジーを使用していることがわかる。

⑮我们不能<u>仅仅</u>根据目前的利益而决定如何从事科学研究。

3C27：	はい。あ、<u>だけ</u>（"仅仅"を指す）。（　後略　）
＊27：	これ線引いてくれましたよね（"仅仅"を指す）？　最終的にはわかりましたか？　今さっき、何か言ってくれましたよね？
3C28：	<u>だけ</u>。
＊28：	それは知ってましたか？　それとも思い出しましたか？　それとも推測しましたか？
3C29：	<u>思い出したかな？</u>
＊29：	じゃあ、読んでるうちに思い出したというかんじですか？　それはどうやって、思い出しましたか？
3C30：	<u>読みを考えてて、こういう読みだったかなっていうのを思い出して</u>。
＊30：	読んで思い出した？　発音を？　発音を思い出して意味も思い出した？
3C31：	なんか、<u>権利の権みたいな、こういう字あるじゃないですか</u>（"权"と余白に書き込む）？　なんやったっけ？　なんか、<u>こんなん</u>（先ほど書いた"权"の字を丸く囲む）、似てる字が。……と、なんか<u>最</u>

156

第4章　長文読解の中での学習者の語彙習得

初ごちゃごちゃになって、あっ、違うなと思って、とりあえず飛
ばして。うん、でもこっちの（"仅仅"を指す）たぶんこの意味だっ
たかなみたいなのを思い出した時に。

＊31：読みから意味を思い出した？　最初1回目読んでくれた時には心
の中で読んでましたか？

3C32：うーん、（うんうんと頷く）読んでる。もく、黙読してて、ここで
発音してた（自分の頭を指す）。

　上記では、学生3Cは⑮文中で下線を引いた"仅仅（わずかに、ただ）"をど
のように理解したのかについて説明している。まず3Cは、3C27および3C28
で"仅仅"を「だけ」という意味だと理解したと述べている。そして、その
ように考えた過程について、3C30では「読みを考えてて、こういう読み
だったかなっていうのを思い出して」と述べており、3C31では最初は"权
利（権利）"の"权"の字と混同してしまったが、発音を思い出したことに
より"仅仅"の意味も思い出したと説明している。そして3C32では、「頭の
中で発音していた」と説明しており、学生3Cは実際に声に出して発話をし
ていたわけではないが、L2での発音を頭の中で考えて推測をしている過程
がうかがい知れる。

⑰现在只供少数人享用的技术，以后也可能造福大众。

3D10：（　前略　）现在（1.0）んー【现在只gòng少数】（1.0）っと、【gòng】
が（"供"を指す）、なんかこう、養うじゃないけど、なんやろ、
なんか（0.5）、この【gòng】って（"供"を丸く囲む）なんか、（1.0）
（ぶつぶつ言う）なんやろ、【gōng孩子上学】とかの【gōng】とか
と一緒なんかな。やとすると（1.5）、でもこれも（"供"を指す）
漢字がわからないけど、普段聞いたのと同じ【gōng孩子上学】（"供"
を指す）とかの【gōng】と読めそうだなって（"供"を指す）解釈

157

> すると、少しの人にしか、こうなんか、メリット？　少しの人に
> だけしかメリットを与えられていない技術も、(1.0)後々、【造福】？
> (0.5) 福を造る？

　上記は学生3Dの発話プロトコルである。学生3Dは⑰の文で下線を引いて
はいないのだが、文中の"供（提供する）"という動詞を3D10で何度か中国
語で発話している。"供"という字は、本来は"gōng"と一声で読むか
"gòng"と四声で読むかで意味が変わるのだが、当初3Dは"供"を意識せず
に"gòng"と四声で発話している。しかし、その発音から"供孩子上学（学^[14]
費や生活費を出して子供を学校に行かせる）"という文で使用される"供gōng
（金銭を提供する）"という語と同じような意味ではないかと考え、「養う」
「メリットを与える」という推測に至っている。

⑳在传统社会中，父母倾向于生男孩，如果允许他们自由选择后代的性别，必
然会导致性别比例的失调，造成严重的社会问题，这是在某些国家已经出现的，
而在这些国家，也都因此禁止对婴儿的性别进行选择。

> 3E15：はい。え、で、次が【必然会】あ、ここにも同じのが前で【导致
> 性】【导致性别】(0.5)【比例的失】これが、まず【diào】って読
> むのか、【tiáo】やったっけ？　【tiáo】って読むのかもわからな
> いhh。（　後略　）
>
> （　中略　）
>
> 3E28：（　前略　）調査する時の【diào】は【调查】。もう1個の例が今ど
> 忘れで出てこない。たぶん【diào】と【tiáo】やったっけ、【tiáo】
> があったんですよ、2つ。でたぶん意味が違うんです。
>
> （　後略　）

　上記は学生3Eのケースである。3Eは⑳の文中で下線を引いた"失调（バ^[15]

ランスが崩れる）"の"调"の字について、3E15では"diào"と読むのか"tiáo"と読むのか、どちらであるかを悩んでいる。そして3E28では"调"の字を"diào"と読むか"tiáo"と読むかで意味が異なることを説明しており、読み方から語の意味を推測しようとしている例である。これはストラテジーというよりも、むしろ知識源のL2常識として発音を利用している事例と言えるかもしれない。

4.6.5　繰り返し

　以下は、学習者が未知の語を認知し、理解するために繰り返し（repeating）読むというストラテジーである。この繰り返しに関しては、学習者がL2発話をして、中国語で繰り返し読んでいるケースが多かったが、中には自身の推測を確認するために日本語を用いて繰り返している例も見られた。

⑧为了满足左撇子的需要，厂商发明出许多新的商品和服务项目。

2A68：利用（"需要"を指す）、利用、利用うん。需要？　を満足させるためには、ために（"厂商"をぐるぐる丸く囲む）、っと、商工、なんか工業、商業、そのあたりのなんか、うん、産業（"厂商"を再び丸く囲む）は【发明】？　【发明】うん、何かを（"发明"を丸く囲む）明るみに出した、多くの新しい、えーっと、商品とかサービス項目を出した。うん。

---

　⑧の文で、学生2Aは下線を引いている"发明（発明する）出（出す）"を、2A68で"发明？""发明"と2度繰り返して中国語で声に出した後、「うん」と発話をして、確認をしている様子が見られる。ここでは「L2発話」に加えて「繰り返し」のストラテジーを利用していると考えられる。

⑭如果我们真的相信"任何人为的东西都不如自然的生命那么和谐"，那么我们就应该回到吃野菜、打野兽的野蛮时代。

> 3C24：（　前略　）人々が、自然、人工的なものが自然の生命（"自然的生命那么和谐"を丸く囲む）、自然のものに及ばないと思うんだったら、私たちは、あ、これ（"回到"と"吃"の間にスラッシュを入れる）、も、野生のもの、野菜、野菜、野生のもの、野菜、野菜を食べ、野獣をとって食べた野蛮時代に戻るべきだ。野菜？（"野菜"に下線を引く）野菜じゃない、野の、野のもの（"野菜"に再び下線を引く）、みたいな。自然のもの（"野菜"を指す）。

　上記は日本語で「繰り返し」のストラテジーを使用しているケースである。⑭の文の"野菜（野草）"について説明する際に、学生3Cは「野生のもの」「野菜」と何度も繰り返し発話している。しかしその後「野菜？」「野菜じゃない」と考えを否定し、最終的には「野のもの」「自然のもの」という結論に至っている。

⑬基因工程不过是使这个创造过程更有意识、更有效率而已。

> 3D06：【基因工程不过是】ちょっと待ってくださいね。もう1回読みなおさないと、ちょっと意味が出てこない。【基因工程不过是使这个创造过程更有】この【基因】っていうのが、んー（1.5）なんか、で、後ろにこのさっき単語だけで出てきた時はちょっとよくわからなかったけど、工程っていう（"工程"を丸で囲む）、これがつくとこうなんか基礎的な工程？（　後略　）

　上記の発話プロトコルでは、学生3Dは⑬の文の前半部分を一度中国語で読んだ後に「もう1回読みなおさないと、ちょっと意味が出てこない」と言

160

い、再度読み直して、"基因（遺伝子、ゲノム）"という未知の語を理解しようとしている。

4.6.6　内容再構築

　以下は学習者が談話知識から得た情報や、その他の既知の知識を利用して、テキストの内容をもう一度自身で再構築して未知の語を確認および理解しようとしている例である。学習者がテキストの内容をもう一度組み立てなおすこの「内容再構築」は長文読解において見られるストラテジーと言え、読解ストラテジーの1つと捉えることもできる。

②像拉门柄、拉拉链、扣纽扣、扳汽车排挡、拿剪刀、开瓶塞罐头，诸如此类的事使他们感到非常吃力。③人们在设计这些东西时往往忽视左撇子的需要，因而给他们造成了不少麻烦，有时甚至使得他们感到十分沮丧。

2B59：人々は (3.5)【在】(5.0) このようなものを、なんとかする時（③"设计"を指す）、左利きの需要を（③"往往"を指す）(4.0)、需要を (5.0)、（③"忽视"を指す）考え、あーっ、あー、あーっ！　待って、人々が、これらのようなものを（③"这些东西"を指す）、なんていうかな（③"设计"を指している）(2.0) 考える、みたいな。

（　中略　）

＊61：なんかさっき、「あー」「あーっ」て言ってたけど、2Bちゃんの頭の中では、「あーっ」て何かひらめいたんだろうけど、何を見て、どう思って、「あーっ」になったの？

2B62：デザインとか（③"设计"を指す）、デザインしたり、なんかハサミとか（②"剪刀"を指す）。とか、なんか、たぶん、（②"门柄"を丸く囲む）取っ手をどこにつけるとか、そういうことを考える時に (2.0)、とかを考える時に、左利きの需要を（③"需要"を丸

161

く囲む）、なんだろ、無視してる（③"往往忽視"を丸く囲む）。無
視している。

＊62：ちょっと待ってね。さっきはなんで急に「あーっ」になったんで
すか？　どこで「あーっ」になりましたか？

2B63：いや、これの意味がわかんなかったんですけど（③"設計"を指す）、
【这些东西】（2.0）で、これらのもの？　を（③"东西"を丸く囲む）
（3.0）ものってなんだろうって思って（③"东西"を再びぐるぐる丸
く囲む）、で、ものが（③"东西"を指す）こういうハサミとかかなっ
て思って。

＊63：この、ものを見た時に思ったんですか（③"东西"を指す）？

2B64：と、左利きの需要を（③"左撇子的需要"をなぞる）、たぶんその、
疎かにしてる、みたいな。無視してるみたいな（③"往往忽視"を
丸く囲む）。

（　中略　）

2B66：（　前略　）需要を（③"需要"を指す）無視する（③"忽視"を指す）
時って、いつかな、みたいな。開発する時かな、みたいな。で、
考える時、みたいな（③"設計"を丸く囲む）。作る時、みたいな。

　③文中の"設計（デザインする）"について、学生2Bは2B59で最初は「な
んとかする」と表現し、先に文を読み進めている。そして"忽視（軽視す
る）"まで読み進めた時に、「あーっ、あー、あーっ！　待って」と発話して
おり、ここで何かの気づきがあったと見られる。その後2B59で「考える、
みたいな」と発話した後に、2B62で「デザインしたり」と言いなおし、正
しい語意の把握に至っている。

　この過程について2Bは最初"設計"の意味がわからなかったが、その後
ろにある"这些东西（これらのもの）"を見て「これらのものってなんだろ
う」と考え（自問自答）、"东西（もの）"は「ハサミとか」を指すと考えたと
発話している（2B63）。ここから"設計这些东西时（これらのものをデザインす

る時)" とは「ハサミや、取っ手をどこにつけるか、といったことを考える時」であると考えており（2B62）、学生2Bはそれまでに得た談話知識から文の当該部分の内容を「再構築」していることがわかる。これら上述の2Bによる一連の「内容再構築」もまた学習者のストラテジーの１つであると考えることができる。

　2Bはまた、"忽視" が「無視する」であると推測し、2B66で「需要を無視する時って、いつかな」と考え、"設計" について「開発する時」「考える時」「作る時」と発話している。

⑯現在没有价值的研究，以后有可能带来无限的价值。⑰现在只供少数人享用的技术，以后也可能造福大众。

3C37：	hh今、意味を持たない研究が（1.0）後に（2.0）とても（2.0）限りない価値？　ま、大きな価値を持つこともありうる。今は、少しの人にしか利益を、少しの人にしか利益をもたらさない技術も(2.0)後には多くの人に幸福をもたらすこともありうる。
＊37：	少し待ってもらってもいいですか？　ここ最初線引いてくれてますよね（⑰"造福" を指す）。今、どう訳しましたか？
3C38：	幸福をもたらす。
＊38：	どうしてそう思いましたか？
3C39：	これも（⑰"享用" に線を引く）なんか、なんとなく字のイメージで訳したんですけど、なんか日本語のイメージで、けど、うーん、なんて言うんだろ、反対、これと反対（⑯"没有价值" を指す）のことを言ってるから（⑰"造福" を指す）、うーん。
＊39：	どうして反対のことを言ってると思いましたか？
3C40：	こっちは、【没有价值】（⑯"没有价值" に波線を引く）、【有】（⑯"有可能带来" の "有" と "带来" の下に波線を引く）、【有】これは違うか（先ほど "有" の下に引いた波線を消す）、これ（⑯"无限的价值"

163

の下に波線を引く）、（2.0）これも反対で（⑰ "現在只供少数人享用的
技術" と指でなぞる）、これも少数と（⑰ "少数人" を指す）たくさ
んの人で（⑰ "大衆" に線を引く）反対、を言っていて（3.0）、うー
ん、これは（⑰ "享用" を指す）なんか日本語のイメージから、少
数の人にとって（⑰ "少数人" を指す）、あのー、いい（⑰ "享用"
を指す）技術（⑰ "技術" を指す）、だから、これは（⑰ "造福" を
指す）多くの人に（⑰ "大衆" を指す）いい（⑰ "造福" を丸く囲む）、
みたいなイメージ？　の単語だと思って（⑰ "造福" を丸く囲む）、
ま、これは造り出すっていうイメージで（⑰ "造福" の "造" を指す）、
こっちは幸福の福（⑰ "造福" の "福" を丸く囲む）のイメージだ
から、まぁそれで、いいイメージのかんじでちょっと訳した。

　学生3Cは⑰の "造福大衆（多くの人に恩恵をもたらす）" に関して、3C37で
「多くの人に幸福をもたらす」と解釈している。3C39では、そのように考え
た理由について1つ前の⑯の文と⑰の文が対応していることを説明しようと
している。3C40では⑯の文を指し、文中の "没有価値（価値がない）" と "無
限的価値（無限の価値）" が意味的に対立していることを指摘しており、同様
に⑰の文でも "少数人（少数の人）" と "大衆（大衆、多くの人）" が対立の関
係にあると述べた上で、"少数人享用的技術（少数の人が享受している技術）"
が「少数の人にとっていい技術」であるならば、"造福大衆" は「多くの人
にいいというイメージの単語」だと考えており、これも既に得た談話知識を
用いて自身でさらに内容を再構築しているケースだと言える。

⑯現在没有価値的研究，以后有可能帯来无限的価値。⑰現在只供少数人享用
的技術，以后也可能造福大衆。

3D10：（　前略　）（1.5）えー、今、価値のない研究でも後々（⑯ "以后"
　　　　に下線を引く）、無限の価値をもたらす（⑯ "帯" を丸で囲む）可能

性があるものもある。現在（1.0）んー【現在只gòng少数】（1.0）っ
と、（　中略　）少しの人にしか、こうなんか、メリット？　少し
の人にだけしかメリットを与えれていない技術も、（1.0）後々、【造
福】？（0.5）福を造る？　【大众】大衆、大衆、あっ、みん？　ん？
あ、みんなにこう、福をもたらす可能性がある。だから、この文
（⑯の文に下線を引く）とこの文（⑰の文に下線を引く）は繰り返しっ
ていうか、今現在研究の（⑯ "現在没有价值的研究" の前と後ろに区
切りの線を引く）、えーと価値がないっていうのが、イコールここ
で（⑯ "現在没有价值的研究" と⑰ "現在只供少数人享用的技术" を＝
でつなぐ）、まぁ、少しの人にしかメリットを与えられてない、で、
でも、後々無限の可能性をもたらすことができる。まぁ、後々、
みんなに福をもたらせることができる。繰り返して言ってるって
とると、そういう意味にとれるかな？

　上記の発話プロトコルからは、学生3Dも学生3Cと同様に⑯と⑰の文を対
応させて内容再構築を行っている様子が見られる。3Dは "造福（幸福をもた
らす、恩恵をもたらす）" には下線を引いていないのだが、事前の語彙テスト
では "造福" に関して、a「以前にこの語を見たことはない」を選択してい
る。そして上記3D10で学生3Dは⑯と⑰の文の関係性について、⑰の文は⑯
の文と同じ内容を繰り返していると述べ、⑯前節の "現在没有价值的研究
（現在は価値のない研究）" と⑰前節の "現在只供少数人享用的技术（現在はわ
ずかな人のみが享受している技術）" は同じ内容を繰り返しており、⑯後節の
"以后有可能带来无限的价值（今後、無限の価値をもたらすかもしれない）" と⑰
"以后也可能造福大众（今後、多くの人に恩恵をもたらすかもしれない）" も同様
の内容を繰り返していると説明している。ここでは3Dも談話知識をもと
に、自分自身で内容を再構築していると考えられる。

4.6.7　検証

　以下は学習者が一度推測した意味を広い文脈に再度あてはめて確認するという検証（verifying）のストラテジーである。

⑩左撇子使用的步枪、全球手套、高尔夫球棍、鱼竿绕线栓以及滚木球，都已<u>相当</u>普遍。

> ＊84：ここ（"相当"を丸く囲む)、これさっき何と訳してくれましたか？
> 2A85：<u>かなり</u>。
> ＊85：かなり？　どうしてそう思いましたか？
> 2A86：なんか、これは<u>日本語からちょっと連想した</u>（"相当"を丸く囲む)。
> 　　　　<u>相当。日本語で「相当」っていったら、まぁ、かなりの数のこ</u>
> 　　　　<u>とやし</u>、たぶん、うーん、〜〜〜〜〜〜〜〜〜〜〜〜〜〜〜〜〜〜〜〜〜。

　学生2Aは、⑩で下線を引いた"相当（相当、かなり）"に関して2A85で「かなり」と理解したと説明している。その理由について2A86で日本語の「相当」(L1語彙連想)から推測したと説明した後に、「いけるんちゃうかなって。文脈的にも」と発話しており、一度推測した意味を文脈にあてはめて確認するという検証のストラテジーをとっていることがわかる。

②像拉门柄、拉拉链、扣纽扣、扳汽车排挡、拿剪刀、<u>开瓶塞罐头</u>，诸如此类的事使他们感到非常吃力。

> 2D01：（　前略　）これもいまいちよくわからなくて（"开瓶塞罐头"をな
> 　　　　ぞる)、うーん(3.0)、ま【开】なんで開けるかな、と思って、あと、
> 　　　　これは（"瓶塞罐头"を指す)なんか、ヤカンとかどっかで見たこ
> 　　　　とある気がしたんですけど、でも閉まってるヤカン、がどうだっ

て言ってもよくわからなかったんで、ちょっとスルーしました。

（　後略　）

　次に学生2Dが②で下線を引いた"瓶塞罐头（ボトルの栓や缶詰）"に対する発話を見てみたい。2Dは"瓶塞罐头"の"罐"の字から日本語の「ヤカン（薬罐）」を連想している（L1語彙連想）。しかし「閉まってるヤカンがどうだって言ってもよくわからなかった」と発話しており、「ヤカン」を連想した後に検証のストラテジーを使用し、文の中にあてはめて検証をしてみたものの、文脈的によく意味がわからなかったと見られ、最終的には「スルーしました」と述べている。

⑳甚至是那些目前看来有百害无一利的"坏"技术，<u>也未尝不可以变害为利</u>。

3D10：（　前略　）<u>【也未尝不可以变害为利】【也未尝不可】【不可（0.5）</u>
<u>以变害(0.5)为】</u>ん？　なんだこれは？　どこで切れるんや？　<u>【也】</u>
（"也"の後に区切りの線を書き込む）<u>【未尝不可】</u>（"不可"の後に区切りの線を書き込む）ここか、<u>【也未尝不可（0.5）以变害】【害为利】？</u>
<u>ん？　【以变害为利】</u>あ、害が（2.0）、害が（0.5）利益（0.5）と、えーと、<u>つながりわからんくなってきた。</u>えっとちょっと待ってくださいね。っと、めっちゃ悪いような風に見える技術も（0.5）<u>【不</u>
<u>可以变害】</u>害から（"害"を丸で囲む）利益にならない（"不可"を指す）<u>とは限らない</u>（"未尝"を指す）？　<u>【也未尝】</u>（1.0）否定（"不"を丸で囲む）、で<u>【未】</u>（"未"を丸で囲む）も否定。否定（"不"を指す）と否定（"未"を指す）で打ち（1.0）二重否定してるか（0.5）、利益も、ん？　<u>害が、害が利益にならないこともない！</u>　ん、<u>前との</u>
<u>つながりを考えてもそういうことかな。【未尝】がちょっとあん</u>
<u>まりよくわからないけど。【也未尝不可】、ま、なんか【未尝】で</u>
<u>くっついて</u>（"未尝"を四角く囲む）<u>否定を表す。表しそう、ですね。</u>

167

（　後略　）

　学生3Dは⑳の文では"未嘗"に下線を引いている。3Dは当初、語句の切れ目が把握できず「つながりわからんくなってきた」と発話している。しかし"未嘗（～ということはない）"の"未"と"不可以（～できない）"の"不"がそれぞれ否定を表し、二重否定になると考え（文法・統語知識）、"未嘗不可以変害为利（「害」が「利」に変わりえないということはない）"で「害が利益にならないこともない」の意味になると理解をしている。その後、「前とのつながりを考えてもそういうことかな」と発話しており、ここで検証のストラテジーを使用していると考えられる。

4.6.8　無視（保留）

　以下では、学習者は意味のわからない語があっても未知の語を無理に類推しようとせず、読み飛ばしたり、いったん「保留」にして結論を出さず、文を先に読み進めている。この「保留」もまた読解における未知語の処理の際に、学習者が使用するストラテジーの1つと考えることができる。

㉒像<u>拉门柄</u>、拉拉链、扣纽扣、<u>扳汽车排挡</u>、拿剪刀、开瓶塞罐头，诸如此类的事使他们感到非常<u>吃力</u>。

2C03：(4.0)（"像拉门柄"で止まっている）うーん (2.0) この【像】は、何々に似て、みたいな意味かなと思って、<u>なんとかに</u>（"门"と"柄"を指す）似て、<u>なんとか</u>（"拉"と"链"を指す）似て、それで、えっと、(4.0)（"扣纽扣"と"扳汽车排挡"を指す）<u>ここまでなんとかに似てて</u>、で、ハサミ（"剪刀"を指す）を持って（"拿"を指す）、(2.0) 瓶を開けて缶を塞ぐ？ (2.0) このようなことは、彼らを非常に【<u>吃力</u>】に感じさせる。

168

第4章　長文読解の中での学習者の語彙習得

　②の文では学生2Cの未知の語がいくつか続いており、2Cは計5箇所に下線を引いている。しかし2Cはそれぞれの未知の語を無理に類推せず、"像（例えば〜のような）"を「何々に似て[16]」と説明した後は、最初の4つの未知語を全て「なんとか」と表現して先に読み進めている。そして最後の"吃力（骨の折れる）"も無理に日本語になおさず、文末を「"吃力"に感じさせる」と表現しており、これらは「保留」のストラテジーを使用していると見ることができる。

⑲<u>当限制性内切酶</u>在1970年被发现的时候，没有人料到它们会迅速地带来这场医学革命。

> 3C45：（　前略　）これは全然わからない（"当限制性内切酶"に線を引く）。
> 　　　これはなんか（"当限制性内切酶"を指す）<u>切るところもわからなくて</u>、でも1970年代になんかこれ（"当限制性内切酶"を指す）発見された時に、誰もそれ（"当限制性内切酶"を指す）、これが（"<u>当限制性内切酶</u>"を指す）早く、こんなに早く、うん？　早く、医学革命をもたらすとは思わなかった。

　学生3Cは⑲の文では"当限制性内切酶"に下線を引いており、「全然わからない」「切るところもわからない」と述べている。その後"当限制性内切酶"を「なんかこれ」「それ」「これ」と表現し、そのまま先に読み進めている様子が見られる。

⑲<u>当限制性内切酶</u>在1970年被发现的时候，没有人料到它们会迅速地带来这场医学革命。

> 3E05：（　前略　）で、【当限制性】これもどこで切れるか、あんまりわからなくて【当】【限制性】これたぶん1個で（"限制性"で区切る）、

169

> 【内】【切】ん？（"酶"を指す）これなんて読むんやろ？　ここ（"内
> 切酶"を指す）が全然あんまりわからないから、いったん飛ばして、
> 【当】何たら、限定的な、【当】限定的な何たら（"内切酶"を指す）
> 【在1970年被发现的时候】限定的な何たら（"内切酶"を指す）が
> 1970年に発見された時（　後略　）

　学生3Eも3Cと同じ箇所に下線を引いているが3Eは "限制性内切酶（制限
エンドヌクレアーゼ）" に下線を引いている。そして3Eもまた、3Cと同じよう
に「どこで切れるかわからなくて」と発話しているが、"限制性" が "内切
酶" を修飾する関係にあることは把握できていると見られ、"内切酶" の意
味がわからないがゆえに「何たら」と表現し、"限制性内切酶" を「限定的
な何たら」という表現で説明して文を読み進めている。

4.7　学習者の未知語に対する認識

　学生が「知らない単語」であるとして下線を引いた語の数は、2年生では
平均29.00語で課文の中の総語彙数140語に対して20.71％、3年生は平均21.40
語で課文中の総語彙数215語に対して9.95％であった。しかし、下線を引い
た語の数には学生によってばらつきがあり、2年生でその数が最も少なかっ
た学生2Eは20語、逆に最も多かった学生2Aは41語に下線を引いており、3
年生では最も少なかった学生3Dは14語、最も多かった学生3Cは34語に下線
を引いていた。ではこの数字は学生2Eや学生3Dの語彙量が多く、学生2Aや
学生3Cの語彙量は少ないということを意味するのだろうか。学生の語彙処
理過程の発話プロトコルを実際に見てみると、何をもって「知らない単語」
と判断するのか、未知語に対する認識は学習者によって差異が見られた。以
下はその中のいくつかの例である。

第4章 長文読解の中での学習者の語彙習得

4.7.1 未知語と認識しているケース

以下では学習者が未知語と認識しているケース、つまり学習者が「知らない単語」として下線を引いていたケースから、いくつか例を挙げている。

4.7.1.1 文中での適切な訳し方がわからず未知語と認識しているケース

ここで挙げられているのは、学習者は下線を引いた語を全く知らなかったわけではなく、文脈の中で当該語をどのように日本語で表現してよいかわからなかったケースである。

⑨譬如，左撇子运动员<u>一度</u>对右手使用的运动器械颇感<u>不便</u>，现在他们可以买到适用于他们的运动器械了。

2A74：	えっと、これはちょっとわからなかったんですけど（"譬如"を丸く囲む）、何かの副詞かなと。で、左利きの、えっと、アスリート（1.0）は、えー（"一度"を指す）、は、うーん、あっ、<u>ここちょっとわからない</u>（"一度"に線を引く）。あ、でも一度、右利きの人が使用する運動器具（0.5）に、なんか<u>不便</u>を感じていた。感じている。感じていたh。感じていた。今、えっと左利きの人たちは、えーっと、買うことができる。えっと、えー、彼らの、えっと左利きの人のための運動器械を買うことができる。
＊74：	ここは最初線引いてくれてますよね（"右手"を丸く囲む）。わかった？　その後。
2A75：	あぁ、はい。わかった。
＊75：	最初はわからなかった？
2A76：	最初はなんか、<u>右手、右手っていうのはわかるけど、なんか、そのまま訳せば右手っていうのはわかるけど、なんか右手がどうしたんかなって思って</u>。

171

＊76：でも後でわかった？

2A77：後でわかった。

＊77：どうしてそれはわかりましたか？

2A78：あ、なんか【使用】とか（"使用"を指す）、かな。でまぁ、右（"右手"を指す）と左（"左撇子"を指す）が対、対比になってるみたいなかんじが。はい。

　　上記は、10名の調査協力者の中で最も多く下線を引いていた学生2Aの⑨の文の発話プロトコルである。学生2Aは"一度（一時的に、かつて）""右手（右手の）""不便（不便である）"に下線を引いているが、これらは全て日中同形語と言うことができる。そして2年生5名の中で"一度""右手""不便"に下線を引いたのは学生2Aのみであった。

　　2Aは"一度"と"不便"は日本語と同じ意味で解釈しているのだが（L1語彙連想）、この3つの語の中で"一度"は日中同形異義語であり、ここでは「一度」と解釈するのは正しくはない。"右手"に関しては、2A76を見ると「右手っていうのはわかるけど、なんか、そのまま訳せば右手っていうのはわかるけど、なんか右手がどうしたんかな」と発話しており、"右手"が「右手」という意味であることはわかるものの、文中でどのように訳せばよいかがわからず、「知らない単語」として下線を引いていたことがわかる。最終的には談話知識と漢字のイメージを利用して（2A78）、「右利きの人」（2A74）との理解に至っている。

⑱今天为无数患者带来福音的基因工程,起源于科学家对生物遗传<u>奥秘</u>的好奇。

3A14：（　前略　）起源は、科学がその生物遺伝の、<u>これわかんないんすけど、</u>（"奥秘"に線を引く）<u>神秘的な、生物遺伝の。</u>

＊14：線引いてないよ。これ（"奥秘"を指す）最初読んだ時には気づいてなかった？

3A15：気がついてました。大体でもそんな意味かなと思ってたんで。ま、いっかと思って流しました。生物化学者が、その生物遺伝の、その、神秘的なものに（2.0）興味を持ったのが始まりである。

＊15：ちょっといいですか？　ここ最初わからないって言ってたけれど（"奥秘"を指す）、訳してくれましたよね。どういう風に理解しましたか？

　3A16：【áomì】[17]自体は聞いたことあったんですけど、どうやって訳すのかわからなかったんで。

＊16：じゃ、知らなかったわけではなくて、訳し方がわからなかったというだけで、別に知らなかったわけではない？

　3A17：（"奥秘"と紙に書く）もう完全にこっちは（先ほど書いた"奥秘"の"奥"を指す）もうまぁ、あんまり考えずに【áo】のは考えずに【mì】のところで、これを神秘的な（先ほど書いた"秘"の上に"神"と書く）、みたいなかんじで、神秘的で奥が深いんかぁ、みたいなかんじで、そんなかんじです。

　上記は学生3Aの発話プロトコルの中に見られた同様のケースである。⑱の文において3Aは3A14で「これわかんないんすけど」と発話しながら"奥秘（神秘、謎）"に下線を引いている。そして「神秘的な」（3A14）、「神秘的なもの」（3A15）と発話し、「最初に読んだ時も大体そんな意味かと思っていた」（3A15）と述べている。しかし、3A16では「聞いたことあったんですけど、どうやって訳すのかわからなかった」と述べており、文中での適切な訳がわからなかったと思われる。そして3A17では"奥秘"の"秘"の字から「神秘的で奥が深い」と考えたと説明している。

4.7.1.2　意味を思い出せず未知語と認識しているケース

　以下は、学習者は当該語を見たことはあるものの、意味をはっきりとは覚えておらず、下線を引いたケースである。これはVKSの評定基準では「対

象語への馴染みはあるが、意味はわからない」と判断される。

③人们在设计这些东西时往往忽视左撇子的需要,因而给他们造成了不少麻烦,
有时甚至使得他们感到十分沮丧。

2B73：(4.0)（ぶつぶつ声に出して読んでいる）無視、してるか、してる、
ので（"因而"に下線を引く）？　彼らに【不少】(3.0) えーっと、
彼らに（"因而给他们"の"他们"を指す）、そ (4.0)、少なくない（"不
少"を指す）、なんだろ、（"麻烦"を指す）面倒？　なことを、つく
り出す（"造成"を指す）(7.0)。【有时】（ぶつぶつ読んでいる）えーっ、
ある時は(7.0)（"甚至"に下線を書き込む）、ある時、彼ら、に、んーっ
(24.0)、うーん、これがわかんないです（"沮丧"を指す）……けど、
たぶん (1.0)、もっと、なんだろ？　すごい苦労（"沮丧"を指す）、
みたいな、すごい困るみたいな（"沮丧"を空で丸く囲む）、時もあ
るよって（"甚至使得"のあたりを指す）。
＊73：ちょっと待ってくださいね。最初これ線引いてなかったですよね。
後で引きましたよね（"甚至"を指す）。
2B74：なんか、見たことはあるんですよ（"甚至"を指す）。何回も。で
も意味を覚えてないです。

　上記の発話プロトコルで、学生2Bは2B73で"甚至（〜すら、〜でさえ）"に
下線を引き、2B74で「見たことはあるんですよ。何回も。でも意味を覚え
てないです」と発話しており、2Bは"甚至"を見たことはあるものの、そ
の意味を思い出せないでいることがわかる。

174

第4章　長文読解の中での学習者の語彙習得

⑲当限制性内切酶在1970年被发现的时候，没有人<u>料到</u>它们会迅速地带来这场医学革命。

3E05：（　前略　）【没有人料到它们会】あー（2.0）、あ、誰も、これ（"料到"を指す）がたぶん、予測できなかったみたいな<u>意味やった気がするなぁ。見たことはあるけど、あまり意味を覚えてなくて</u>、でも、<u>今うん、ここの文章見てたら、たぶんそういうかんじの意味で</u>（"料到"を指す）<u>前使ったことがある気がするhので、誰も推測できなかった、わからなかった</u>。【它们会】【它们】っていうのがたぶんこの意味のわからないこれ（"内切酶"を指す）、なんかうち切る何たら、のやつで、が、素早くこの医学革命をもたらすなんて誰も<u>思わなかった</u>。これ（"内切酶"を丸く囲む）が本当に、わからないhh。これ（"限制性"を指す）は限定的ってことだ、きっと。限定的な何かが、(0.5)うん、発見された時には誰も<u>思わなかった</u>。うん。（　後略　）

上記は学生3Eの⑲の文中の"料到（予想する、予測する）"のケースである。3Eは"料到"に下線を引いており、"没有人料到它们会"とL2発話をした後に「予測できなかったみたいな意味やった気がするなぁ」と発話している。そして「見たことはあるけど、あまり意味を覚えてなくて」「ここの文章見てたら、たぶんそういうかんじの意味で前使ったことがある気がする」と述べており、以前に見たことはあったものの、はっきりと意味を覚えてはおらず下線を引き、読解活動の中で思い出した可能性が考えられる。

4.7.1.3　知っているはずの語が文中ではわからず未知語と認識しているケース

以下は、語を単独で見た際にはわかっていたはずが、課文の中ではわからずに下線を引いているケースである。

㉓地球总有一天会再次被大流星撞上导致物种大灭绝，在预测到这种情况时，发射核武器将流星炸毁或改变轨道，是目前我们所能想到的拯救地球的惟一办法。

3D12：（　前略　）【在预测到这种情况时】このようなことを推測、えー、できた時、【发射……将流星】【发射】発射（"发射"を丸く囲む）、核兵器、【将】（"将"を丸く囲む）流星炸）（3.0）あ、【将】は（"将"を丸く囲む）、あの、あれだ、なんか【让】（"让"と下に書き込む）でたぶんイコールだから、えっと（1.5）、核兵器を発射させて、その隕石を、これは【毁】があるから（"炸毁"を丸く囲む）、まー、なんかこう爆発させたり、またその軌道を修正させたり、する。

（　後略　）

　学生3Dは第1回テストでは"炸毁（爆破する）"についてc「以前にこの語を見たことがある」を選択しており、その意味も「破壊する」とおおむね正しい意味を記述できていた。しかし"炸毁"を課文の中で見た際には、なぜか文中の"炸毁"を知らない単語として下線を引いており、think aloudの際には"炸毁"の"毁"の字から「爆発させる」という意味であると推測している。

　これら3Dの一連の言動からは、2つの可能性が考えられる。まず1つ目は"炸毁"という語を、単語だけで見た場合には意味がわかるのだが、長文の中で見ると知っている語であるということに気がつかない、或いは思い出せない可能性である。もう1つの可能性としては、第1回テストの時点で「以前にこの語を見たことがある」を選択しているが、実際には"炸（爆破する）"或いは"毁（壊す）"の「漢字を見たことがある」だけ、"炸"か"毁"の字を使用した「似たような語を見たことがある」だけで、"炸毁"という語も見たことがあるような錯覚を起こしているということが考えられる。そしてテストの時点で「このような意味だったような気がする」と本人も知ら

ず知らずのうちに漢字からその意味を推測していたということもありうる。
実際、学生はかつて2年生の授業で使用した《博雅汉语中级冲刺篇Ⅰ》（中級
第1巻）の中で、"爆炸（炸裂する、爆発する）" と "毁灭（壊滅する、破壊する）"
という "炸" と "毁" の字を使用したよく似た語をそれぞれ学習している。
そして、"炸毁" という語は実は《现代汉语词典》にも記載されておらず、
果たして3Dが本当にこの語を「以前に見たことがある」のかどうか、いさ
さか疑問ではある。

　今回のケースからは、上記2つの可能性のうちどちらに該当するかを判断
することはできないが、どちらにしても、学習者にとっての「知っている」
「知らない」の認識は非常にあやふやで、危ういものであるということが考
えられる。

4.7.2　未知語と認識していないケース

　以下は、学習者が下線を引いておらず、未知語として認識していないケー
スである。学習者は当該語の意味を実はわかっていないということに自身で
は全く気がついておらず、本人も意識せずして語の意味を推測しているとい
うケースが度々見られた。

4.7.2.1　未知語と認識できていないが意味を正しく理解できていたケース

　以下では、学習者は読解活動前の語彙テストでは「以前にこの語を見たこ
とはない」を選択しているにも関わらず、課文の中の当該語には下線を引い
ておらず、当該語を知らないということを認識できていない。しかし、未知
語であるということに気がつかないまま、自身でも意識せずに語の意味を推
測しており、その推測は偶然にも正しいものとなっている。

⑩左撇子使用的步枪、全球手套、高尔夫球棍、鱼竿绕线栓以及滚木球，都已相当普遍。

> 2A83：左利きの人が使う、これはたぶん名詞（"步枪"を指す）、だけどちょっとわからない。これも何か球技に使う道具やと思うんですけどわからない（"全球手套"を指す）。で、これはえっとゴルフの（"高尔夫球"をなぞる）えっと、ドライバーかな（"棍"を丸く囲む）？　いや、わからない。ちょっとこれもちょっと自信ない（"棍"に線を引く）。ですけど、ゴルフのなんか道具で、これは、<u>釣りざおかな（"鱼竿"を丸く囲む）？</u>　（　後略　）

　　上記は学生2Aの⑩の文の発話プロトコルである。ここでは⑩文中の"鱼竿（釣りざお）"という語に注目したい。⑩の文で学生2Aは"鱼竿"に下線を書き入れてはいない。2Aは正しく「釣りざお」という意味で把握できてはいるものの、2A83下線部の「釣りざおかな？」という発話からすると、本人も意識せずして語の意味を推測している可能性が考えられる。実際、読解前の第1回目の語彙テストでは、学生2Aは"鱼竿"についてa「以前にこの語を見たことはない」を選択しており、本来ならば"鱼竿"という語を知らなかったはずなのだが、読解活動の中で2Aは当該語を知らないということに自身でも気がついていない。

⑯现在没有价值的研究，以后有可能带来无限的价值。⑰现在只供少数人享用的技术，以后也可能造福大众。

> 3D10：（　前略　）(1.5) えー、今、価値のない研究でも後々（⑯"以后"に下線を引く）、無限の価値をもたらす（⑯"带"を丸で囲む）可能性があるものもある。現在 (1.0) んー【現在只gòng少数】(1.0) っと、（　中略　）少しの人にしか、こうなんか、メリット？　少しの人

> にだけしかメリットを与えれていない技術も、(1.0) 後々、【造福】?
> (0.5) 福を造る? 【大衆】大衆、大衆、あっ、みん? ん? あ、
> みんなにこう、福をもたらす可能性がある。だから、この文（⑯
> の文に下線を引く）とこの文（⑰の文に下線を引く）は繰り返しって
> いうか、今現在研究の（⑯ "現在没有价值的研究" の前と後ろに区切
> りの線を引く）、えーと価値がないっていうのが、イコールここで
> （⑯ "現在没有价值的研究" と⑰ "现在只供少数人享用的技术" を＝でつ
> なぐ）、まぁ、少しの人にしかメリットを与えられてない、で、
> でも、後々無限の可能性をもたらすことができる。まぁ、後々、
> みんなに福をもたらせることができる。繰り返して言ってるって
> とると、そういう意味にとれるかな?

　次に上記の学生3Dの発話プロトコルを見てみたい。ここでは⑰文中の
"造福（幸福をもたらす、恩恵をもたらす）" に注目したい。3Dは⑰の文の "造
福" には下線を引いていない。しかし、3D10の発話では "造福?" とL2発
話をした後に、漢字からそのまま「福を造る?」と自問自答をしている。そ
の後、後ろの "大衆（大衆、多くの人）" という語もL2発話によって「大衆」
という意味であると確認した後に、「あっ」と発話しており、ここで意味に
気がついたと思われ、「みんなにこう、福をもたらす」と述べている。その
後、談話知識を利用し、1つ前の⑯の文と⑰の文が対応しているとして内容
再構築を行った後に、「みんなに福をもたらせることができる」「そういう意
味にとれるかな?」と述べており、この発話からも3D自身は未知語である
と認識していないものの、実際には意味の推測を行っていることがうかがい
知れる。

　事前の語彙テストで3Dは "造福" に関してa「以前にこの語を見たことは
ない」を選択していたのだが、読解活動の際には、自身が "造福" を知らな
いということに気がついていない。学生3Dは10名の調査協力者の中で、下
線を引いた語が最も少なかった学生である。しかし上記のように、正しい意

179

味で把握ができてはいるものの、実際には本人も無意識のうちに語の意味推測をしていると思われるケースが多く見られた。

4.7.2.2　未知語と認識できておらず意味を誤って理解していたケース
　以下では、学習者は下線を引いておらず、自身が当該語を知らないということを認識できていない。そして知らない語であるということに気がつかないまま、誤って意味を理解している。

⑧为了满足左撇子的需要，厂商发明出许多新的商品和服务项目。

2C74：（　前略　）だから（"为了"を四角く囲む）、あー、ちゃう、なんだ、えっと、なんとかの（"左撇子"を丸く囲む）人の需要を、満たすために、んー（10.0）、っと、会社？　商社とか？　は、多くの、新商品や、服を、発明する。

　　　　　　　　　　　　　　　（　中略　）

＊81：ここどういう風に言ってくれた（"商品和服务项目"をなぞる）？もうちょっと教えてもらっていい？　ここら辺（"发明出许多新的商品和服务项目"をなぞる）。ここら辺。もう1回教えてもらっていい？　ここ。

2C82：会社は、多くの、新商品や、服、(2.0)項目はちょっと無視しちゃってて、服の、発明を、多く出す、みたいな。

　　　　　（　中略　）（この間に⑨の文を見て"左撇子"の意味に気がつく）

2C94：うーんと、会社がたくさんの、左利き向けの、新商品や、あ、ここアクセサリーみたいな意味ですかね（"服务项目"を丸く囲む）？

＊94：どうしてそう思いましたか？

2C95：服、服に関するもので、左利きで、扱いやすいもの、って考えて、そういうものかなと。（　後略　）

⑧の文では、学生2Cは文末の"服务项目（サービス事項）"に下線を引いて
はいない。しかし、当初2C82では"服务（サービス）"について「服」と発
話しており、"服务"という語を知らないということに自身でも気がついて
いないのか、或いは"服务"という2字から成る語であるということに気が
ついていないかのどちらかであると思われる。また2Cが「服」と発話した
のは"服务"の"服"の字から連想したのであろうことも容易に想像され、
複合語の片方の語素しか見ていないために語彙処理に失敗していると思われ
る。2Cはその後、"左撇子"が「左利き」であるとわかったところで、再度
⑧の文を見返し、「服に関するもの」で「左利きで、扱いやすいもの」から
「アクセサリー」とさらに誤った推測をするに至っている（2C94、2C95）。

②像拉门柄、拉拉链、扣纽扣、扳汽车排挡、拿剪刀、开瓶塞罐头，诸如此类
的事使他们感到非常吃力。

2E01：（　前略　）ここでなんか（"拿剪刀"を指す）、刀を持つ、みたいな
　　　　のがあったりしたんで、これは（①"左撇子"を指す）左利きかなと、
　　　　ここで（"拿剪刀"を指す）、この辺でわかって。

　　　　　　　　　　　　　　（　中略　）

2E06：ここに書いてある動作とか（"像拉门柄""拿剪刀""开瓶塞罐头"を
　　　　指す）、例えば、これとかあまりわからなかったんですけど（"拉
　　　　拉链""扣纽扣""扳汽车排挡"を指す）、この冷蔵庫のドア開けたり
　　　　とか（⑪"门柄装在右边的冰箱"を指す）、刀握ったりとか（"拿剪刀"
　　　　を指す）は（2.0）、左手の人にとっては（1.0）やりにくいのかな、
　　　　と思って、苦労かなって、思いました。

　次に②の文から学生2Eの"剪刀（ハサミ）"の理解を見ていきたい。学生
2Eは2年生の中では下線を引いた語の数が最も少なく、"剪刀"にも下線を
引いてはいない。しかし"拿剪刀（ハサミを持つ）"について2E01では「刀を

持つ」、2E06では同様に「刀握ったりとか」と発話しており、これもまた、片方の語素しか見ていないため語の意味の理解に失敗していると思われる。このようなことから、「知らない語である」ということに学習者が気がつかないこと、そして「知っている語である」と思っていても実は誤って理解をしていることも往々にしてありうるということがわかる。

　以下は多くの学習者が誤って理解をしていた日中同形異義語のケースである。中国語と日本語には日中同形語が少なくないが、その中には同義語もあれば異義語もあり、同形であっても日中間で意味や使用方法にずれがある語も少なくない。下記のケースでも、日中同形の語であるがゆえ、学習者は「知らない語である」ということに気がついていない。

　まずは、2年生の課文の中に使用されていた"一度"を見ていきたい。"一度"は日中同形語ではあるが、ここでは日本語と同じ「一度」という意味ではなく、「かつて」（〜したことがある）という意味である。しかし多くの学生が"一度"には下線を引いていない。以下は学生2Cと2Dの発話プロトコルなのだが、2人とも日本語と同じ「一度」という意味で解釈している。

⑨譬如，左撇子运动员一度对右手使用的运动器械颇感不便，现在他们可以买到适用于他们的运动器械了。

2C85：例えば、なんとか（"左撇子"を指す）運動員は、<u>一度</u>、右手（2.0）、えー？（6.0）、<u>一度</u>、右手、に対して、うーん、うん、うん右手に対して使用する運動器械、が不便だと、感じる（"颇感"を指す）。うん？　感じた？（　後略　）

2D63：うーん、（5.0）これが（"譬如"を指す）いまいちよくわからなくて、無視して、左利きの、運動員がスポーツ選手かなと思って、スポーツ選手が、右手で使うこの運動の、器械、に、これも（"颇感"をぐるぐる丸く囲む）よくわからなかったんですけど、日本語でたぶ

182

ん「すこぶる」みたいなかんじで、すごい（"頗"を指す）不便を
感じた（"感"を指す）のかなと思って、この一度（"一度"を丸く
囲む）っていうのもほとんど無視してしまったんですけど、ま、
使って、一度（"一度"を指す）なんか不便に感じたことがあった
みたいなかんじかなと思って、あと、現在、うーん、彼らは、そ
の左利きのスポーツ選手は、うーん、これも（"适用"を丸く囲む）
よくわからなかったんですけど、たぶん、左利きに適する、みた
いなかんじかな、と思って読んでました。（　後略　）

　唯一、下線を引いていたのは学生2Aである。2Aはthink aloudの過程で
「わからない」ということに気がつき下線を引いているのだが、2Aもまた最
終的には「一度」と解釈している。

2A74：えっと、これはちょっとわからなかったんですけど（"譬如"を丸
　　　く囲む）、何かの副詞かなと。で、左利きの、えっと、アスリー
　　　ト（1.0）は、えー（"一度"を指す）、は、うーん、あっ、ここちょっ
　　　とわからない（"一度"に線を引く）。あ、でも一度、右利きの人が
　　　使用する運動器具（0.5）に、なんか不便を感じていた。感じてい
　　　る。感じていたh。感じていた。今、えっと左利きの人たちは、
　　　えーっと、買うことができる。えっと、えー、彼らの、えっと
　　　左利きの人のための運動器械を買うことができる。

　次は3年生の誰も下線を引いておらず、5名全員が誤って理解をしていた
"目前"のケースである。"目前"は中国語では「現在」「今のところ」とい
う意味で、日本語の「目前」とは意味が異なり、むしろ日本語の「目下」の
方が意味は近いと言える。

㉖最简单的一种遗传设计是选择后代的性别，这是目前就可以做到的。

> 3A66：最も簡単な一種の遺伝設計は、まぁ、その、【后代】（"后代"を指す）やから、まぁ、自分の後ろの代の性別を選ぶことである。これは、まぁもうすぐできると。【目前就可以做到】。
>
> ＊66：ちょっと待ってね。もうすぐって、どこからもうすぐが出てきましたか？
>
> 3A67：【目前】（"目前"の前後に区切りの線を書き入れる）やから、もう、近頃にはもうできることである、かな。（　後略　）

　　上記は学生3Aのケースである。3Aは3A66で㉖の文の"目前"の箇所を「もうすぐ」と説明し、そのように考えた理由について3A67では「"目前"やから」と述べている。これは日本語の「目前」の意味からこのような理解をしたと推測される。

> 3B28：（　前略　）で、最も簡単な、えー、一種の遺伝（"遗传"を空で丸く囲む）設計（"设计"を空で丸く囲む）は、えー、後の世代の性別を選ぶ（"选择"を指す）ことである。これは、その（"目前"を指す）えーと、今できることだ。今すぐにできることだ。（　後略　）

　　上記は同じく㉖の文の学生3Bのケースであり、3B28での発話を見ると3Bも3Aと同様に「今」「今すぐ」と理解しており、日本語の「目前」の意味の影響を受けている可能性が高い。

㉗甚至是那些目前看来有百害无一利的"坏"技术，也未尝不可以变害为利。

> 3B16：（　前略　）で（11.0）（"甚至是那些"からなぞって読んでいる。ぶつぶつ発音している）ん？　それら（"那些"を空で丸く囲む）の（1.0）目

第 4 章　長文読解の中での学習者の語彙習得

前（"目前"を指す）にその百害（"百害"を指す）あって一利（"无一"を指す）ない、この悪い（"坏"を空で丸く囲む）技術？（4.0）ん？（2.0）である。（　後略　）

"目前"という語は⑳の文の中でも使用されている。3Bはやはり「目前」と発話しており、文脈的には⑳の文の中では全く意味が通じないのだが、日本語と同じ意味として処理している。

3C50：（　前略　）ひいては、これ、え、それらの、ぱっと見、ぱっと、まぁ、意訳したらぱっと見。

＊50：どれとどれがぱっと見になりますか？

3C51：（"目前看来"を指す）h（　後略　）

＊51：はい。じゃあ、質問しますね。これ（"目前看来"を指す）、ぱっと見って今訳してくれましたよね？　どうしてそう思いましたか？

3C52：これが目の前で（"目"と"前"を順に指す）、見……（3.0）、これは（"看"と"来"を交互に指す）、見たところ、みたいな。

これは⑳の文の学生3Cの発話である。3Cは3Aや3Bとは異なり、3C50で"目前看来（今現在は見たところ～のようだ）"を「ぱっと見」と表現している。これについて3C52では"目前"を「目の前で」と説明しており、"目前"のそれぞれの漢字を利用して解釈していることがわかる。

3D10：（　前略　）【甚至是那些目前看来有百害无一利的"坏"技术】えっとー、目の【目前看来】、【目前】ま、こう、ぱっと見ただけで、【百害无一利的】あ、なんか、ゆっくり見たらちょっとわかるかも。百（"百"を丸で囲む）個の被害（"害"を丸で囲む）があって（1.0）、あ、わかった、え？　害がたくさんあって（"百害"を指す）、1つもいいような（"一利"を四角く囲む）ものがない（"无"を指す）よ

185

うに見える（"看"を指す）、その、【坏】（"坏"を丸で囲む）悪い技
術（"技术"を指す）でさえも（　後略　）

　上記は学生3Dの⑳の文に対する発話である。3Dも学生3Cと同じく"目前
看来（今現在は見たところ～のようだ）"を「ぱっと見ただけで」と表現してお
り、やはり"目前"のそれぞれの漢字をそのまま利用していると思われる。

　以下は同じく日中同形異義語の"野菜（野草）"の例で、学生3A、3B、3D
は"野菜"をそのまま「野菜」と解釈している。しかし「野菜」のことは中
国語で一般的には"蔬菜"と表現し、"蔬菜"という語は課文冒頭の⑫の文
でも使用されている。そして全ての学生が"蔬菜"を問題なく「野菜」と解
釈できていたことから、学生は全員"蔬菜"という語を知っていたはずだと
考えることができる。しかし日中同形であるがゆえに、学生3A、3B、3Dは
"野菜"を見ても、未知の語であるということに気がつくことなく「野菜」
と発話しており、これもまたL1干渉によるものであると考えることができ
る。

⑭如果我们真的相信"任何人为的东西都不如自然的生命那么和谐"，那么我
们就应该回到吃野菜、打野兽的野蛮时代。

　3A02：（　前略　）もし、私たちが、私たちが（4.0）（"任何人为的东西不
　　　　如自然的生命那么和谐"をペンで追って読む）、人が作ったものは、
　　　　自然の生命ほど、自然の、そういう自然界のものほど、えっと、
　　　　これわかんない（"和谐"を空で丸く囲む）、良くない？　どれも人
　　　　が作ったものは自然のものほど良くないと信じるならば、私た
　　　　ちはその、野菜とか、その、狩りをしてた時代の野蛮時代に戻
　　　　るべきである。

第4章　長文読解の中での学習者の語彙習得

> 3B04：（　前略　）文脈から推測して人工の（"人为"を空で丸く囲む）もの
> （"东西"を指す）が、えー、どれも（"都"を空で丸く囲む）皆自然
> の生命 (0.5) ほど (0.5)、えー、この（"和谐"を指す）【和谐】な
> んか (0.5) 協調じゃないわ（小声）(3.0) なんかハーモニーみたいな、
> なんかhh、なんか英語やったらハーモニーみたいなかんじで訳
> すんかなと思うんですけど、なんていうか、まわりと協調（手でジェ
> スチャー）みたいなかんじで溶けこんでないというのを、本当に
> 信じるならば、私たちは (0.5) その野菜 (0.5) を食べたり (0.5)
> また、この野獣？（"野兽"を空で丸く囲む）獣を、あの、倒した
> りした野蛮な時代に（"野蛮时代"を指す）戻る（"回到"を指す）べ
> きだ。（　後略　）

> 3D08：あらゆる人為的なものは、えっと自然【自然的生命那么和jiè】（ぶ[19]
> つぶつ言っている）。【不如】（"不如"を丸で囲む）やから、ま、勝た
> れへん。全て（"都"に線を引く）劣っている。自然【自然的生命
> 那么】【都不如自然的】自然の生命よりかは、そういうその協調
> とかそう、整えられたものに、至ってないというか、それほど、
> こう、綺麗に調和されたものじゃない。っていうことを信じてて。
> えー【那么我们就应该回到吃】まぁ、そういう風に信じるのなら、
> 私たちは（"我们"を指す）、えーと、ま、野菜 (1.0) え、【就应该
> 回到】野菜を食べて、野獣をこう狩りをする、野蛮な時代に戻る
> べきだろう。(2.0)

　だが、中には以下の学生3Eのようなケースも見られた。3Eは⑫で既出の
"蔬菜"を指して、普通の「野菜」であれば"蔬菜"と表現するはずである
ということを説明しており、"野菜"は何か他の意味なのだろうと考えて、
「野生的に生えてるやつ」と理解することができている。しかし学生3Eもま

187

た、"野菜"に下線を引いてはいない。

3E01：（　前略　）えっと人為的な（0.5）ものは全（すべ）、何でも、どんな人為的なものでも、自然の命、生命と、調和することはできない、と私たちは本当に信じているなら（"我们真的相信"を指す）、えーと、私たちは【回到吃】あ、えっと、<u>野生のその辺に生えてる野菜的なかんじかな？</u>　普通の野菜はこの【蔬菜】（⑫"蔬菜"を指す）っていう気がするから、これ（"野菜"を指す）はそういう<u>野生的に生えてるやつを食べたりとか</u>、あとは、野獣を殺して食べてるようなそんな野蛮な時代に戻らないといけないってことだよーってかんじ。で、第1段落こんなかんじでhhhh。

4.7.3　読解活動の過程で未知語と認識したケース

　以下は、もともとは下線を引いてはいなかったものの、think aloudの過程で知らない語であるということ、実際にはあまり意味をわかっていないということに学習者が気づいたケースである。これはどの学習者にも度々見られたケースで、think aloudでは調査者に向かって声に出して説明しなければならず、そのタスクを遂行することによって、実は自分がわかっていなかったということに気がついている。

⑧为了满足左撇子的需要，<u>厂商</u>发明出许多新的商品和服务项目。

2D59：（　前略　）あ、<u>線引き忘れてました。引いてもいいですか</u>（"厂商"に赤線を引く）？　<u>これも全然わからなくて</u>（"厂商"を指す）。（　後略　）

＊59：ちょっと止めますね。これって何かな（"厂商"を丸く囲む）？想像できますか？

第4章　長文読解の中での学習者の語彙習得

> 2D60：うーん（13.0）、うーん（2.0）、たぶん、商売か何かだと思うんで
> すけど。で、こう、工房とかが（"厂"を指す）こんなかんじやっ
> たような気がして、その、作ってるところかなと思いました。

　上記は学生2Dの⑧の文における発話である。2Dはthink aloudの途中で
「線引き忘れてました」「これも全然わからなくて」と述べ、"厂商（メー
カー）"に下線を引いている（2D59）。その上で、"厂商"の"商"の字から
連想したのか「たぶん、商売か何かだと思う」と発話し、次に"厂"の字を
指して「工房とかがこんなかんじやったような気がして」「作ってるところ
かなと思いました」と述べている（2D60）。

　読解活動前の語彙テストで2Dは"厂商"についてa「以前にこの語を見た
ことはない」を選択しているのだが、think aloudを始める前に下線を引く段
階では「未知語である」ということを認識することができておらず、読解活
動の過程で気がついている。

⑮我们不能仅仅根据目前的利益而决定如何从事科学研究。⑯现在没有价值的
研究，以后有可能带来无限的价值。

> 3A05：私たちは、目先の利益だけで（2.5）、その目の前の、これわから
> んわ（⑮"从事"に下線を引く）、ま、科学研究をするべきではない。
> してはいけない。現在、その研究する価値がないものも、後に
> は研究する価値があるかもしれない。めちゃめちゃあるかもし
> れない。
>
> ＊05：ちょっと待ってもらっていいですか？　さっきここ線を引いてく
> れましたよね（⑮"从事"を指す）。最初読んだ時には線を引いて
> なかったですよね。なんで後になって、あっと思いましたか？
>
> 3A06：最初読んでる時は、流して読んでたんで。よくよく見たらわか
> らんなと。

189

＊06：最初読んでる時は、わからないということに気がつかなかった？

3A07：気がつかなかったです。最初読んでる時は、バーっと読んでいって、あぁそういう意味かと。よくよく見たらわからんな、と。

　上記は学生3Aの発話プロトコルである。ここでは⑮の文中の"従事（携わる、従事する）"に注目したい。学生3Aは第1回の語彙テストではb「以前にこの語を見たことはあるが、意味はわからない」を選択している。しかし、読解活動前には"従事"に下線を引いておらず、3A05で⑮の文を"従事"まで読み進めた際に「これわからんわ」と発話し下線を書き足している。これについて3A06では「最初は流して読んでいた」と説明し、「よくよく見たらわからんな」と述べている。3A07でも同様に「気がつかなかったです。最初読んでる時は、バーっと読んでいって」「よくよく見たらわからんな」と発話している。

　上記の事例については、声に出してテキストの内容理解を調査者に報告するというthink aloudのタスク自体が、学習者の語彙学習を促したと考えることもできる。学習者はL2のテキスト内容をL1で説明するというタスクを遂行しなければならず、L1による内容説明を目的として読解を進めていく過程で、文中の語が未知語であると認識することができている。この事例は、黙読で頭の中だけで内容を理解しようとするのみでは、学習者は未知の語に気がつかないこともあるという可能性を示唆しているのかもしれない。

4.7.4　学習者の未知語の処理モデル

　これまでの先行研究でも、学習者が単語認知の段階で他の既知語と見誤り（mistaken ID）、未知語を知っていると思い込んでしまったり（Huckin & Bloch 1993）、その語を知っていると一度思い込んでしまうと未知語だと気がつかずに無視してしまったり（Huckin & Coady 1999）することがあると報告されている。

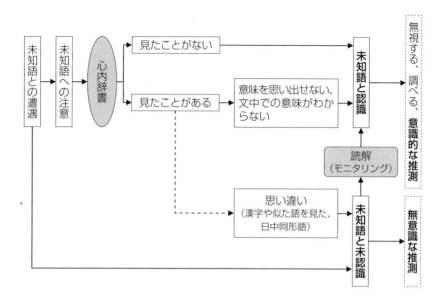

図14　中国語学習者の未知語の処理モデル

　本調査での事例を整理すると、学習者が語彙処理後段階で「知っている」「知らない」と判断するまで、つまり未知語を認識するまでには、いくつかのプロセスを踏み、図14のような経路を辿っていることが考えられる。まず学習者が未知語に遭遇し、その語に注意を向けると、語彙処理前段階で心内辞書にアクセスされる。そして「見たことがない」と判断した場合の他に、「見たことがある」と判断した際にも「意味を思い出せない」時や「文中での意味がわからない」ために未知語と認識することがある。また学習者が「見たことがある」と判断した場合には、当該語を形成する漢字や似た語を見たことがあるだけ、日中同形の語と同義であると思い込んでいるだけという可能性も考えられ、その場合には未知語であるということを認識できない。
　L1の転移は、特に下位レベルの言語処理に関わる文字認識、語彙認識で観察されやすい現象として先行研究も多く、Koda（2005）では、L1がL2の心内辞書や語彙処理に関与しL2の語彙のアクセス経路に影響を及ぼすこと

や、L1の綴り字に関する知識（orthographic knowledge）が異なれば、L2にお
ける語彙認識などを行う処理機構（processing mechanism）も異なってくるこ
とが指摘されている。日本語を母語とする中国語学習者の場合、漢字知識を
持っているがために、新しく出会った語に注意が向かず未知語を認識できな
かったり、知っている語であると思い込んでしまったりすることがあると言
えるだろう。

　しかし調査では、学習者が読解の過程で知らない語であるということ、実
際にはあまり意味をわかっていないということに気がつくケースもまた頻繁
に見られ、読解活動を通してそれまで未認識であった未知語を認識するよう
になることもあることが確認された。

　また、学習者が読解の中で未知語と出会った際に、無視する、調べる、推
測するといったストラテジーを使用することはよく知られているが、日本語
母語の中国語学習者の場合、未知語と認識した上で意味を推測することもあ
れば、未知語であるということを認識しないまま無意識に意味を推測するこ
ともある。無意識下の推測の場合、学習者が自身で推測していることに気が
つかないまま偶発的に正しく意味を把握できていることもあるが、当然なが
ら全く異なる意味に捉えてしまうこともある。

4.8　第4章まとめ

　本調査では、学習者が初めて出会った語を受容語彙としてだけではなく、
場合によっては産出語彙として習得できていたケースもあり、2・3年生と
もに読解活動を通して付随的語彙学習が起きていたと考えることができる。
また、読解の過程で未知語の意味に気がついたことにより、テキストの内容
理解も進み、内容理解が進んだことでまた他の未知語の意味を理解すること
もできるといった、付随的語彙学習の連鎖も見られた。そして本調査の結果
は、Laufer & Hulstijn（2001）が提唱する関与負荷（involvement load）仮説と
も無縁ではないと思われる。Laufer & Hulstijn（2001）は語彙習得における

192

記憶保持に影響を与える要因の1つとして必要性（need）を挙げ、学習者が
タスクを実行する際にタスクを成し遂げる必要性がある場合にはL2の語彙
習得が促進されるとしている。本章の調査では、think aloudで声に出してテ
キストの内容理解を調査者に報告しなければならず、このタスクを遂行する
ことによって付随的語彙学習が促されたという可能性もある。

　また本章の調査では、学習者が読解活動の中で未知語を処理する際には
（1）文法・統語（2）談話（3）漢字のイメージ（4）L2語彙連想（5）L1語
彙連想（6）語構成（7）L2常識（8）一般常識（9）個人の体験という9種類
の知識源と併せて、（1）モニタリング（2）自問自答（3）字を書く（4）L2
発話（5）繰り返し（6）内容再構築（7）検証（8）無視（保留）という8種
類のストラテジーを使用していることも考察された。まず知識源に関して
は、日本語を母語とする中国語学習者は、長文読解の中でも短文の場合と同
様に、やはり漢字の知識を最も頻繁に利用していることが本章では明らかに
なった。次にストラテジーに関しては、未知語を処理する際に学習者が使用
していた「字を書く」というストラテジーは日本人特有のものであると思わ
れ、また、これまでの先行研究ではあまり多くは触れられていない「L2発
話」についても考察することができた。

　最後に、本章では学習者の未知語に対する認識についても考察を行ってい
る。この考察により、未知の語を「知らない語である」ということに学習者
が気がつかないこと、そして「知っている語である」と思っていても実は
誤って理解をしていることも往々にしてありうるということがわかった。特
に日本語を母語とする学習者の場合、漢字知識に頼りがちであり、語を形成
する漢字を知っている、或いは見たことがあるために「知っている語」であ
るような錯覚を覚えたり、中でも日中同形語の場合、意味が異なってもそれ
に気がつかず、日本語と同じ意味だと思い込み、何の疑問も抱かないことが
ある。以上のことからも、学習者の語に対する「知っている」「知らない」
の判断は非常にあやふやで、危ういものであるということがわかる。このよ
うに、学習者が未知の語に気がつかないということは日常の学習の中でも充

分に起こりうることで、学習者が誤って理解をしている場合、或いは「わかった」と思い込んでいる場合、辞書を引かなかったり、間違えたまま記憶をしてしまい、その結果として化石化（fossilization）[20]を引き起こしてしまう可能性もある。

【注】

[1] 中国語教育では教科書の本文を「課文」と呼ぶ。調査の際には課文を1枚のプリントにして使用している。

[2] 酵素の一種。

[3] 第3回テスト終了後に調査の趣旨と目的を説明しているため、第2回テストと第3回テストの間に、辞書で調べた学生がいる可能性は否定できない。

[4] Mは平均値、SDは標準偏差を表す。

[5] 発話プロトコルの記述法は会話分析研究で使われる手法を参考にしている。プロトコルデータの（0.5）などの括弧内の数字は発話内の沈黙長を秒単位で示しており、hは発話中の笑いを表す。【 】内は学習者が中国語で発話していることを表す。⑨などの丸付き数字に関しては4.1.4原文の該当箇所と対照されたい。

[6] 4.1.5調査の流れ（4）参照。

[7] 学生3Aは1回目の語彙テスト時に「新幹線に書いてある」と発言している。これは中国版の新幹線（高速鉄道）"和谐号"の車体に"和谐"と書いてあることを意味する。"和谐号"は日本の新幹線の「のぞみ号」「ひかり号」などの呼称に相当する。

[8] "导致"の本来の発音は"dǎozhì"である。

[9] "导"は「導」の簡体字である。

[10] 実際にはここでは動詞が続いていても問題はない。

[11] 学生2Bが引いた下線は語の切れ目としては正確ではなく、本来であれば"柄""上""附有"と切れる。

[12] ここでは読解活動用のプリントのタイトル部分に書かれている"是是非非"の"非"の字と自身がプリントの余白に書いた「非」の字を比較している。印刷された中国語の"非"の字はフォントの字体の関係上、「はらい」がない。

[13] "萨克斯管"の本来の発音は"sàkèsīguǎn"である。

[14] "供gòng"と四声で読むと「供える」という意味になる。

[15] "失调"の"调"は"tiáo"と発音する。

［16］ "像"には「似る」という意味もある。

［17］ "奥秘"の本来の発音は"àomì"である。

［18］ 中国で最も代表的な辞書の1つ。

［19］ "和谐"の本来の発音は"héxié"である。

［20］ 学習者がL2を習得している段階で起こる、ある特定の言語項目や規則が誤って習得され、その誤用がそのまま定着してしまう現象。

第5章　より良い語彙学習のために

—学習者の語彙学習ストラテジー調査より—

　これまで第3章および第4章では、学習者の未知語の処理をもとに、日本語を母語とする学習者が語彙習得の際に影響を受ける要因と、日本語を母語とする学習者特有の現象について考察をしてきた。それでは日本語を母語とする学習者にとって、一体どのような語彙学習がより効果的なのだろうか。既に漢字知識を持っている日本人の学習者はどのように中国語の語彙を学習していくべきなのだろう。本章では学習者の語彙学習ストラテジーを分析し、より良い語彙学習とは何なのかを考えていきたい。

5.1　調査内容

5.1.1　調査目的

　2.3.3で挙げた鄢胜涵（2007）および吴门吉（2008）による先行研究は、CSL学習者を調査対象としており、学習者は中国語の環境の中で生活しているため、いつでもどこでも中国語に触れ、使用することができる。本章では圧倒的に中国語のインプットおよびアウトプットの機会が少ない、日本で中国語を学ぶCFL学習者を調査対象として、主に以下を考察していきたい。

（1）日本語を母語とするCFL学習者は、どのようなプロセスでどんな語彙学習ストラテジーを使用しているのか。

（2）日本語を母語とするCFL学習者がよく使用する語彙学習ストラテジーは何なのか。

（3）学習期間により学習者が使用するストラテジーは変化していくのか。

（4）成績上位者と下位者で使用するストラテジーに違いはあるのか。

5.1.2 調査方法

　1.3.3や2.3.3で挙げた先行研究を始めとして、語彙学習ストラテジー研究では、ストラテジー調査票を用いた量的な調査方法が採用されることが多い。しかし語彙学習ストラテジー研究は英語教育における研究が先行しており、先行研究で頻繁に用いられているストラテジー調査票も、もともとは英語学習者を対象として作成されたものである。しかし英語とは異なり表意文字を使用する中国語において、学習者が必ずしも英語学習者と全く同じような語彙学習ストラテジーを使用するとは限らず、中国語学習者特有のストラテジーを使用している可能性も考えられる。

　そこでまず日本の大学に在籍する中国語学習者が、どのようなプロセスでどんな語彙学習ストラテジーをいかに使用しているのかを調べるため、半構造化インタビューによる調査を実施した。インタビュー時間は1人あたり1時間程度で、インタビュー内容は学習者の了解を得た上でICレコーダーを使って録音し、文字化した後にストラテジーの分類を行った。

　次に、インタビュー調査から確認できたストラテジーをベースにして、日本の大学の中国語学習者を対象とした30項目のストラテジー調査票を新たに作成し、インタビュー協力者と同学年に在籍する学生にストラテジー調査票を配布して、量的調査を行った。

5.1.3 調査協力者

（1）インタビュー調査協力者

　3.2.2の調査協力者と同じ学生を調査対象とし、2年生成績上位者5名、3年生の成績上位者5名と成績下位者5名、計15名にインタビューを行った。

（2）ストラテジー調査票による量的調査協力者

　上記のインタビュー調査対象者と同じクラスに在籍する中国語専攻の学生、2年生40名と3年生39名、計79名を対象に調査を実施した。

5.2　学習者の語彙学習ストラテジー

　インタビュー調査の結果より、CFL環境下の学生は学外で中国語に触れる機会がほぼないため、主に大学の授業をベースとして中国語の語彙を学習していることがわかった。また、授業前の予習・練習・テスト準備と学習の段階に応じて異なる語彙学習ストラテジーを使用していることもわかり、本調査により確認ができた語彙学習ストラテジーは学習の段階と種類に応じて大きく4つに分類することができた。以下、インタビュー調査における学生の発話内容から、各ストラテジーの種類と具体例を参照していきたい。

5.2.1　未知語攻略ストラテジー

　未知語に初めて遭遇する時、一般的に学習者は、無視する、語の構成要素から意味を推測する、文脈から意味を推測する、人に聞く、辞書で調べる、といったストラテジーを使用することが知られている（Laufer 1997；Nation 2001）。本調査では、学生が授業前の予習の段階で使用するストラテジーに、次のようなものが確認された。そして、これらのストラテジーはおおむね（1）→（2）→（3）→（4）の順番で使用されていた。しかし学生は必ずしも下記のストラテジー全てを使用しているとは限らず、この中のいずれかを飛ばしているケースも見られた。

（1）黙読する

　多くの学生は予習の段階でまず最初に課文に目を通していた。そして課文の中で新出の単語と出会うわけだが、黙読をするだけでなく、同時に心の中

で発音をして読んでいるという学生も多かった。

　以下は学生の発話内容である。括弧内は学生を表し、2年生成績上位群5名の学生をそれぞれ2A、2B、2C、2D、2E、3年生成績上位群5名を3A、3B、3C、3D、3E、3年生成績下位群5名を3f、3g、3h、3i、3jと記号化し、仮名で表記している。

・予習をする時は、初めての文章ならまず最初から最後までざーっと目で読んでみる。心の中で声を出して読んでいる。わからない単語は読めたら読むけど、読めなかったら飛ばす（2E）。
・最初から心の中で読んでいって詰まったところに線を引いて、1段落くらいまとめて、わからなかったものを調べる。最初読む時は心の中で読む。知らない単語は飛ばして読むか、もわもわっと、こんなかんじかな……と（想像する）（3g）。

(2) 推測する

　上記の「黙読する」と同時に学生が未知語の意味を推測して読んでいるケースも少なからず見られた。

・1回読んで意味を考えてる。調べる前に、意味は「たぶんこうかな」と考えている。読み方がわからない単語でも、文脈もしくは漢字からなんとなく先に意味を考えている。辞書を引く前にもある程度考えて調べる（2A）。
・ある程度読んでなんとなくは意味を考えている。で、なんとなく文の構造、主語・述語・目的語ぐらいをとって、「何かな」と思って電子辞書を調べる。調べる単語が名詞か動詞かくらいは考えて、意味も若干考えている（2C）。
・辞書で調べる前に、わかる時は推測をしている。区切りすらわからない時は厳しいけれど。家で推測する時には、まず「ここは副詞か動詞か」

みたいな。"SV" を見て英語的に構造を重視して見て、それで漢字の意味を考える（3B）。

・最初に1段落くらい読んで、ある程度推測している。意味も読み方も両方推測している（3g）。

(3) 辞書で調べる

　インタビュー調査では、全ての学生が、知らない語があれば必ず辞書で調べると発言していた。そして、どの学生も使用している辞書は紙ではなく、電子辞書であった。また、学生の発言からは、未知語を調べるためだけでなく、意味や発音をはっきり覚えていない語の情報を確認するために辞書で調べる場合があることもわかる。Schmitt（1997）の分類によると、前者が発見ストラテジーで、後者は定着ストラテジーとなる。

　また、辞書で調べる内容に関して、日本人の英語学習者の場合は1）意味、2）スペリング、3）コロケーション、4）文法的機能、5）類義語間での意味の差、6）発音の順で頻度が高いとされている（Nakamura 2002）。しかし学生の発言を見ると、中国語学習者は意味と同様、もしくはそれ以上に発音を辞書で調べていることがわかる。これは中国語が表音文字ではなく表意文字を用いるため、学習者には発音の習得が困難であるがゆえと考えられ、この傾向は中国語学習者特有のものであるとも考えることができる。

・自信がなかったらすぐ調べる。なんか見たことあるけど、読み方がうろ覚えのものはすぐ調べる。読み方がわかって意味がわからないのも調べる。辞書を調べてよく使われるものをまず見て、もとの文にあってたらピックアップ。例文も見る（2C）。

・最初に全部ざーっと読んでみて、ひっかかるところがあったら調べる。その時点である程度は予測している。読み終わったら改めて見て、上から見て、読み方がわからないもの、意味がわからないものを全部調べる。見たことあって自信のないものも読み方だったら調べる。例文も見るこ

とが多い（2D）。

・見たことない単語と、見たことあるけど忘れた単語を、ピンインを調べて、ついでに意味を調べる。100％自信がなかったら調べる。訳す時にわからない時には、例文がどう訳しているか見て訳す（3E）。

・読み方がわからない時は、まず絶対調べる。意味も、文脈から全然推測できない時は、ちゃんと調べる。なんとなくわかるかなって時はそのまますっと飛ばしちゃう。読み方はわからなかったら絶対調べるけれど、意味はなんとなくわかったら調べない時もある。（普段の学習で）文章を読んで読み方がわからないものは絶対調べるようにしている（3g）。

　また中には電子辞書で調べるだけでなく、携帯のアプリを使用したり、中国の検索サイト「百度」を利用して意味を調べているケースも見られた。学生の発話内容からは、辞書にない語を調べる際や、時間がない時などに補助的に利用していると思われ、現代の学習者ならではのストラテジーと言うことができよう。

・電子辞書にないものは、携帯でピンインで打って、「意味」と入れて検索する。固有名詞など（辞書に）載っていないものは、そのまま（インターネットで）調べて、百度などで出てきたら見る（3C）。

・「ピンインコンバーター」というアプリを使っている。読み方が危うくて意味だけわかるものなど（に使う）。（普段の）予習の時は辞書を使う（3f）。

・読み方知らない単語は、携帯アプリで手書きで書いて、ピンインがわかるものがある。携帯で調べると情報が少ないので、電子辞書で調べた方が例文とか出てくるので、（電子辞書で）調べるようにしている。時間がない時は携帯だけ。ネットで調べたりもする。Weblioで。辞書で調べる時間がない時に。携帯で例文検索もできるし、いっぱい例文出てくるので。家だとWeblioで調べる（3h）。

第5章　より良い語彙学習のために―学習者の語彙学習ストラテジー調査より―

（4）人に聞く

　学習者が未知語に初めて遭遇する時に使用するストラテジーの1つとして先行研究で挙げられている「人に聞く」というストラテジーは、本調査ではごく一部の学生が使用しているにすぎなかった。これはCFL環境下では、気軽に聞ける中国語母語話者が学習者の身近にいないためと考えられる。

・調べてもニュアンスがよくわからない単語は先生に聞く。わからない単語は友達に聞く（2B）。
・辞書を見てほとんど解決するけど、解決しない時は、たまに留学生に聞いたりもする。歴史の単語で背景がわかっていないといけない時など。でも普段は辞書だけで終わる（3D）。

5.2.2　ノートテイキングストラテジー

　辞書で語彙を調べたら、その次には調べた情報を記録することが考えられる。今回の調査では、2年生の段階では課文を全てノートに書き写し、日本語訳も全てノートに書いているケースが見られたが、3年生になるとほとんどの学生が課文のコピーを利用したり、教科書に直接ポイントだけを書き込むようになっている。

・先生がやれって言うので、《博雅》[2]はまず1文ずつ書いていって、無機質に書きながらピンインを読めるかどうかを考える。書きながら「これ知らないな」とか思いながら書いている。ノートの文のわからない単語の上にピンイン、下に意味。ノート右側に訳を書く。単語と意味とピンインを書く（2C）。
・ノートがあるので書き写す。1回教科書読んで、ピンインを調べた後に、ノートに書き写す。何もわからない状態で書き写しても意味がないんじゃないかなと思う。ちょっとわかるようになって書き写す。《博雅》

203

は単語帳つけてる。片方のページを3分割して左が漢字、真ん中ピンイン、右が意味。意味がわかってたら書かない。教科書にはピンインふるだけ。その後ノートに書いた課文の下に訳をつける（2E）。

・1年生の時は単語帳を作ってたけれど、今は教科書に直接書いている。下は意味、上はピンインを書き込む（3C）。

・以前（1、2年時）は課文を全部手で写してた。でもあまりにも時間がかかるから、3年生になってから、時間がかかりすぎるから諦めた。3年ではコピー。調べて、読み方をコピーしたのに書く。単語の上に書く。ノートの左側にコピー貼って、右側に意味とかを書く。右側にわからなかった単語を書き出している。右にわからなかった単語とピンインと意味を別に書いてる。ノートが単語帳（3i）。

5.2.3　記憶ストラテジー

　ここでの記憶ストラテジーとは、新出語を記憶に刻む目的で使用されるストラテジーである。記憶ストラテジーは予習が終わった後の練習の段階、もしくはテスト準備の段階で使用されていた。学生が使用していた記憶ストラテジーは、主に以下4種類に分類することができ、これらの記憶ストラテジーは単独で使用しているケースもあれば、複数のストラテジーを併用しているケースも多く見られた。

（1）音声を聞く

・CDは予習の段階でちょっと聞いて、復習の音読の時にCDを流しながら言っている。テスト勉強でもCDを聞く（2C）。

・CDはiPodの中に入れて、電車の中でできるだけ聞いていた（3h）。

（2）声に出して発音する

・書き写して読み方もわかったところで、CDを何回か聞いて声に出して

第5章　より良い語彙学習のために―学習者の語彙学習ストラテジー調査より―

　　発音練習。普段からCDを聞いて発音は気をつけて、何回も音読するよ
　　うにしている（2E）。

・テスト勉強は課文を何回も読んで単語を覚える。全部文章を読む。（そ
　うすると）テストの時も思い出す（3E）。

(3) 紙に何度も書く

　「紙に書いて覚える」というストラテジーは、上記の「音声を聞く」もし
くは「声に出して発音する」と組みあわせているケースが多く見られた。ま
た、語彙を書いて覚えるだけでなく、ピンインも英単語のスペルを覚えるよ
うに書いて覚えるという学生も何人かいた。

・新出単語は書いて覚える。ピンインと単語を書いて全部覚える。ピンイ
　ンのスペルがわかるようにする。新出単語でないけれど自分がわかりに
　くい単語も同じように書いて覚える（2B）。

・単語はひたすら書く。単語は発音しながら紙に書いて覚えている。音と
　字をセットで覚える（3C）。

・《博雅》の時のテスト勉強は全部覚えないといけないから、ひたすら書
　いてた。で、書きながらひたすら音源を流してた。文章を全部書く。文
　章を4回ずつくらい書く。テストは聞いて書いたり。これを覚えないと
　できないから。音源を流しながら書いて覚えていた（3f）。

(4) エンコーディング

　上記（1）〜（3）までは学習者が反復練習を通して記憶に留めようとする
ストラテジーであったのに対して、ここでは記憶に関わる認知的処理に関す
るストラテジーを指している。

・文脈と漢字から連想させて覚える。文脈やイメージで「宇宙関連だった
　な」とか関連付けて覚える（2B）。

205

・意味を覚える時も、「この文章でこういう意味だったからこの意味」という風に文章ごと覚える。単語だけじゃなくて、どういう場面でその単語が使われていたか文章で覚えてしまった方が効率的かなと私は思う(3g)。

5.2.4 活性化ストラテジー

　本調査では、学習者はあくまでも授業をベースとして、教科書を主体とした語彙学習を行っていた。CSL環境下でよく見られる、中国人と交流する、中国の本を読む、中国のドラマを見て学ぶというような、教科書を離れたストラテジーは多くは使用しておらず、以下はわずかながら見られた活性化ストラテジーである。

・教科書以外ではYouTubeで簡単なスキットを見ている。『テレビで中国
語』[3]を録画して見てる (2A)。
・EXOっていうアイドルグループがあって、台湾版と韓国版があって、そのPVの中国語版は中国語訳がついて、歌詞がふってあるから、前はそれをYouTubeで見たりはした。その時はまってたから。知らない単語があったらピンインだけ調べよう、みたいな。意味は考えない (3f)。

5.3　学習者が多用する語彙学習ストラテジー

　上記では、日本で中国語を学ぶCFL学習者がどのような語彙学習ストラテジーを使用しているのか、その種類と具体例を見てきた。それでは次に、上述のストラテジーの中で日本語を母語とするCFL学習者がよく使用する語彙学習ストラテジーが何であるかについて考察していきたい。

　表47は、インタビュー調査から確認ができたストラテジーをベースに作成した調査票の30項目のストラテジー一覧である。本調査では表47の30項目の

第5章　より良い語彙学習のために―学習者の語彙学習ストラテジー調査より―

ストラテジーに関して、2年生と3年生計79名に、1＝いつもする、2＝時々
する、3＝あまりしない、4＝全くしない、の4段階尺度法で使用頻度を質
問した。

表47　調査票の語彙学習ストラテジー一覧

未知語攻略ストラテジー	①初めて見る課文は、まず（心の中で）中国語で発音して読んでみる。
	②知らない単語であっても、（心の中で）中国語で発音して読んでみる。
	③読みながら文の構造（区切りはどこか、品詞は何かなど）を考える。
	④知らない単語は、辞書で調べる前に、文脈からある程度意味を推測する。
	⑤知らない単語は、辞書で調べる前に、文の構造（品詞は何かなど）からある程度意味を推測する。
	⑥知らない単語は、辞書で調べる前に、漢字からその字を使った他の中国語の単語を連想して、ある程度意味を推測する。
	⑦知らない単語は、辞書で調べる前に、漢字からその字を使った日本語の単語を連想して、ある程度意味を推測する。
	⑧意味やピンインなどがわからない単語は、後回しにせず、その場ですぐに辞書で調べる。
	⑨意味やピンインなどがある程度わかっても、100％自信がない場合は必ず辞書で調べる。
	⑩電子辞書の発音機能で発音を聞く。
	⑪意味を調べたいだけの時も、辞書で調べる際には例文を見る。
	⑫作文の時には、辞書を調べる際に例文を見る。
	⑬辞書以外に百度（中国の検索サイト）を利用して調べる。
	⑭携帯アプリを中国語学習に利用している。
	⑮よくわからない単語は先生に聞く。
ノートテイキングストラテジー	⑯別に単語帳を作っている。
	⑰教科書に直接意味とピンインを書く。
	⑱ノート或いは教科書に、課文全ての日本語訳を書く。
記憶ストラテジー	⑲調べて課文の意味がわかったら一度CDで聞く。
	⑳調べて課文の意味がわかったら一度声に出して読む。
	㉑単語は何回も口に出して読んで覚える。
	㉒単語はCDを聞きながら紙に書いて覚える。
	㉓単語は発音しながら紙に書いて覚える。

207

記憶 ストラテジー	㉔単語はひたすら紙に書いて覚える。
	㉕ピンインも（英語のスペルのように）紙に書いて覚える。
	㉖単語はただ目で見るだけで覚える。
	㉗単語は辞書で調べる作業によって覚える。
	㉘単語は課文の文章ごと覚える。
	㉙単語は漢字のイメージと連想づけて覚える。
活性化 ストラテジー	㉚YouTubeを視聴して中国語に触れている。

　表48と表49はそれぞれ2年生と3年生の調査結果で、学習者の使用頻度が高かった上位5つの語彙学習ストラテジーを表している。表48および表49での結果を見ると、2年生、3年生ともに未知語攻略ストラテジーの「辞書で調べる（⑧、⑨、⑫）」が上位5つのストラテジーのうち3つを占めており、使用頻度が非常に高いことがわかる。これは「日本人は新しい語彙に出会い意味を知る際にはまず辞書を見るという強い傾向がある」というSchmitt（1997）の指摘とも合致している。また未知語攻略ストラテジーの「①初めて見る課文は、まず（心の中で）中国語で発音して読んでみる」も2年生、3年生ともに高い頻度であった。

表48　使用頻度が高い語彙学習ストラテジー（2年生）[4]

順位	語彙学習ストラテジー	M	SD
1	⑨意味やピンインなどがある程度わかっても、100％自信がない場合は必ず辞書で調べる。	1.40	(0.59)
2	⑧意味やピンインなどがわからない単語は、後回しにせず、その場ですぐに辞書で調べる。	1.53	(0.68)
3	①初めて見る課文は、まず（心の中で）中国語で発音して読んでみる。	1.63	(0.77)
4	⑫作文の時には、辞書を調べる際に例文を見る。	1.70	(0.79)
5	③読みながら文の構造（区切りはどこか、品詞は何かなど）を考える。	1.73	(0.82)

第5章　より良い語彙学習のために─学習者の語彙学習ストラテジー調査より─

表49　使用頻度が高い語彙学習ストラテジー（3年生）

順位	語彙学習ストラテジー	M	SD
1	①初めて見る課文は、まず（心の中で）中国語で発音して読んでみる。	1.36	(0.58)
2	⑧意味やピンインなどがわからない単語は、後回しにせず、その場ですぐに辞書で調べる。	1.41	(0.72)
3	⑰教科書に直接意味とピンインを書く。	1.44	(0.55)
4	⑨意味やピンインなどがある程度わかっても、100％自信がない場合は必ず辞書で調べる。	1.54	(0.72)
5	⑫作文の時には、辞書を調べる際に例文を見る。	1.56	(0.72)

5.4　学習期間による語彙学習ストラテジーの変化

　次に、2年生と3年生の使用する語彙学習ストラテジーの違いを見ていきたい。表50では2年生と3年生の使用頻度の平均値をt検定にかけ、その結果5％水準で有意差が見られたストラテジーを表示している。

　表50を見ると、学年が上がるとともに記憶ストラテジーの「音声を聞く（⑲、㉒）」と「声に出して発音する（⑳、㉑、㉓）」の頻度が下がっていくことがわかる。この結果から、学習期間が長くなるにつれて、発音の基礎を身につけた学生は、以前ほど発音練習に重点を置かなくなる傾向にあることがわかる。またインタビューの中で「《博雅》はひたすら音源を流し続けて聞いてた。今は聞くのがないし」と学生3fが発言しており、3年生になると、精読用の教科書ではなく多読用の資料や小説などを授業で扱うようになるため、教材付属のCDがないことも「音声を聞く」頻度が下がる要因の1つであると考えられる。「ピンインを紙に書いて覚える（㉕）」頻度が低くなっていくことも、3年生になると基礎のピンインを既に身につけ、テストで出題されることもほぼなくなることが要因として考えられる。

表50　学習期間により有意差が見られた語彙学習ストラテジー

語彙学習ストラテジー	2年生	3年生	t値	自由度	有意確率（両側）
⑬辞書以外に百度（中国の検索サイト）を利用して調べる。	3.23	2.54	3.18	77	.0021
⑮よくわからない単語は先生に聞く。	2.78	3.15	-2.01	77	.0480
⑯別に単語帳を作っている。	2.78	3.38	-2.72	77	.0080
⑰教科書に直接意味とピンインを書く。	1.95	1.44	2.69	77	.0087
⑱ノート或いは教科書に、課文全ての日本語訳を書く。	2.38	3.31	-4.49	77	.000025
⑲調べて課文の意味がわかったら一度CDで聞く。	2.25	3.36	-5.86	77	.0000001
⑳調べて課文の意味がわかったら一度声に出して読む。	1.87	2.56	-3.77	76	.0003
㉑単語は何回も口に出して読んで覚える。	2.20	2.64	-2.35	77	.0211
㉒単語はCDを聞きながら紙に書いて覚える。	2.53	3.41	-4.81	77	.000007
㉓単語は発音しながら紙に書いて覚える。	2.18	2.64	-2.07	77	.0414
㉕ピンインも（英語のスペルのように）紙に書いて覚える。	2.63	3.10	-2.10	75	.0389

　次にノートテイキングストラテジー（⑯、⑰、⑱）を見ると、学年が上がるにつれて、単語帳を作ったり（⑯）、日本語訳を全て書き込むようなこと（⑱）は減り、教科書に直接意味とピンインを書き込む（⑰）ようになり、より簡略化されていくことがわかる。これは5.2.2での分析結果とも合致し、表49でも「教科書に直接意味とピンインを書く」は3年生では使用頻度が第3位であった。これに関して、5.2.2での2年生2Cの発言を見ると、学生は自発的に全文を書き写しているわけではなく、教師から言われてやっていることもうかがい知ることができる。また、上述のように学年が上がると授業内容が精読から多読へと変化していき、文章量がかなり増えるため、全文を書き写していられなくなってくるということも原因として考えられる。この傾向は、教師から言われるままに語彙を学習するのではなく、どの単語が重要で学習するべきであるかを学習者自身が判断し選択する基準を持つようになっていくことを暗示しており、これはGu & Johnson（1996）の分類ではメタ認

第5章　より良い語彙学習のために—学習者の語彙学習ストラテジー調査より—

知規則に該当する。ただ機械的に語彙学習を繰り返すのではなく、いかにより効率的な方法を使うかを学習者自身が考えて選択するというのがメタ認知ストラテジーであり、近年の研究ではメタ認知ストラテジーが語彙学習において重要な要素であることも明らかになってきている。また日本人英語学習者を対象にしたNakamura（2002）の調査でも、日本人の学習者は語彙を整理して語彙専用のノートに記録するという深い処理レベルのストラテジーよりも、教科書の余白に新出語彙の訳語を書き込むという浅い処理レベルのストラテジーをより好むことが指摘されている。

　その他、有意差が見られたものには、「⑬辞書以外に百度を利用して調べる」と「⑮よくわからない単語は先生に聞く」があった。「⑬辞書以外に百度を利用して調べる」は2年生では最も使用頻度が低かった（$M = 3.23$, $SD = 0.92$）のだが、インタビューの中で3年生からは「固有名詞など（辞書に）載っていないものは、そのまま（インターネットで）調べて、百度などで出てきたら見る（3C）」「電子辞書に載っていないような現代語とかだと、ネットで調べることもある（3j）」という発言が聞かれた。学生のこれらの発言より、インターネットなどを活用するようになるのは、学年が上がると授業で取り扱う文章の難易度が上がり、辞書には載っていないような固有名詞や専門用語、新語などが増えてくるためであると思われ、これは中上級以上の学習者が使用するストラテジーであると言うことができよう。反対に「⑮よくわからない単語は先生に聞く」は3年生の使用頻度では下位5位に入っており（$M = 3.15$, $SD = 0.78$）、このことからも学習歴が長くなるにしたがい、学習者は教師に聞くだけではなく、辞書以外の手段も活用して自身で語彙を調べる術を身につけるようになっていくということが考えられる。

　上記をまとめると、教師に頼ったり、教師から言われるままの方法で学習することは徐々に減っていき、どの単語が重要であるかを学習者自身が判断し、より効率的な方法を考えて選択し使用するようになっていくことがわかる。これらの傾向を総じて見ると、学習期間が長くなるにつれ、学習者が自律的学習能力（学習者オートノミー learner autonomy）を身につけることを意

211

味していると考えることもできる。

5.5 成績上位者と下位者の語彙学習ストラテジーの違い

　それでは成績上位者と下位者が使用する語彙学習ストラテジーに違いはあるのだろうか。2.3.3で述べた鄢胜涵（2007）によるCSL環境下での量的調査では、日本人の中国語学習者は言語レベルによる語彙学習ストラテジーの差異は見られていない。本調査ではまず、各学年の成績上位者15名、成績下位者15名を抽出し、それぞれのストラテジーの使用頻度の平均値をt検定にかけて分析した。しかし1グループのサンプル数が充分でないこともあり、ストラテジー使用に統計的有意差は検出されなかった。しかし、学生へのインタビュー調査の中では、成績上位者と下位者で違いが見られた点があった。

　まず「辞書で調べる」際、成績上位群の学生は単語を調べた後に、文の中でどのような意味になるのか、文脈に一度あてはめて前後のつながりを考えた上で、全体の内容理解に努めようとしていることがわかる。しかし、成績下位群の学生は、ただ単語を辞書で調べるという作業だけで終わっているケースが多々見られた。

【3年生成績上位群】
・辞書で調べる時は、わからない単語にあたったらすぐ調べて、意味を書く。で、読んでもう1回いくかんじ。もう1回読んで、あぁこういうつながりか、OKってやっていくかんじ（3D）。
・（辞書を調べて）意味がたくさんある場合はその文章にあてはまりそうなのを探す。調べた単語の意味がわかったら先に進むけど、詰まったらその文は和訳する。読みながら構造を考えて、区切れや意味がわからなかったら和訳する（3E）。
【3年生成績下位群】
・頭から読んで知らない単語があったら止まって調べて書いてまた進む。

第5章　より良い語彙学習のために―学習者の語彙学習ストラテジー調査より―

読めるところは意味を考えるけれど、知らない単語が出てきたところは、単語を調べることに集中するから、あんまり訳さなくて。で、授業前にいざ「訳して」って（先生から）言われそうになった時に、単語は調べてあるから、その時に「どうやってうまくまとめたらいいんやろう」と考える。予習の段階では知らない単語は調べるけれど、調べるだけで。あんまりそんなに時間かけたくないから。単語の意味を調べて、大体こんなかんじの意味なんやろうな、みたいな。予習では単語を調べることに集中している（3f）。

・時間がなくて、明日（先生に）あてられるかもしれないという危機感がある時は、とりあえずわからない単語を読まずに「これわからん」「わからん」って調べていく。読み飛ばすこともあるし、読み飛ばしたけど後半にいくにつれて何を言っているのかわからなくなったら、わからなくなったところに戻って、やっぱりここわかってないと後半もわからんな、ってなったらそこを調べる。単語調べながら読んで、最後までいったらおしまい。時間がない時は単語だけ調べて書いていっておしまい（3j）。

次に、5.4では発音の基礎を身につけた3年生の学生は以前ほど発音練習に重点を置かなくなる傾向にあると考察したが、成績上位群の学生は3年生になっても「声に出して発音する」ことに関して強い執着心があり、何度も繰り返し練習をしている様子がインタビュー調査で見られた。一方、成績下位群の学生の多くは黙読や心の中で発音することはあるものの、実際に声に出して発音することはほとんどないと発言していた。

【3年生成績上位群】
・課文を全部丸暗記するようにしていた。ひたすら声に出して読んでいた。後半になったら、（教科書を）閉じて言えるまでにした。8割方は覚える。普段の暗記テストも読んで覚えていた（3B）。
・読み方は意識する。読めるようにしたい。予習した後もいったん全部1

213

回読んでみる。読めるようになりたい（3D）。

【3年生成績下位群】

・読む時は黙読だけど心の中で読んではいる。頭から単語を調べながら（黙読で）読む。もう1回読んだり、発音練習をしたりはしない。発音を調べた後、教科書に（ピンインを）直接書き込むけれど、それを読んでみたりはしない。（授業で）実際読まされた時に（初めて）読むかんじ（3f）。

・電車の中で教科書を見ながら心の中で発音している。声に出して発音する練習は、家でたま〜に文章レベルでやる。ほとんどやったことないけど。発音は練習しない。主に意味（を見るだけ）（3h）。

・読む時は心の中で読んでるのかなぁ？　わかるやつなら心の中で読むけど、ピンインわからないってなったら飛ばす。主に黙読？　音読しない（3j）。

　上記の成績上位者と下位者の比較より、まず辞書の使い方については、ただ機械的に辞書で意味を調べるだけでなく、当該語がコンテクストの中でどんな意味でどのような役割を担っているかを、学習者自身が考えた上で整理し理解することが重要であると思われる。

　次に発音に関しては、たとえ同じ漢字であっても日中間でその発音は全く異なり、学習者は語を構成する各漢字の読み方を習得していなければ、単語を正しく発音することはできない。反面、日本語を母語とする学習者は漢字が表す意味はおおむねわかるため、語の意味を理解するだけであれば、さほど難しくはなく、これは「漢字圏の中国語学習者は語彙習得に有利である」と言われる所以でもある。調査では、成績下位群の学生は「発音は練習しない。主に意味」（3h）と発話していたことからも、「意味さえわかればそれでよい」と考えている様子であった。しかし成績上位群の学生は語の「意味」がわかるだけで満足することはなく、正しい「発音」を習得したいという強い願望があり、繰り返し声に出して発音練習をしている様子が見られ、学習者がどれだけ発音を重視しているかが中国語の語彙習得にも影響を与える可

能性が考えられる。

　しかし、これらはあくまでもインタビュー調査から導き出された仮説であり、量的調査による裏付けはできておらず、今後のさらなる研究が必要とされる。

5.6　第5章まとめ

　本章では日本語を母語とするCFL学習者の語彙学習ストラテジーの使用に関して分析、考察を行った。その結果、学習者は「辞書で調べる」ストラテジーを非常に高い頻度で使用していることがわかった。これはあくまでも調査を実施した大学の中国語専攻の学生に対する結果にすぎず、教師から辞書で調べるよう厳しく指導されている結果なのかもしれない。しかし本調査では、同じように辞書を使用していても、学習者間でその使用方法には違いが見られた。成績下位群の学習者は、ただ単語を辞書で調べるという作業だけで終わっていることが多かったが、成績上位群の学習者には、単語を調べた後に文脈の中に再度あてはめて、全体の内容理解に努めたり、文構造を考えている様子が見られ、この行為は第4章で述べた「検証」のストラテジーに相当すると言える。辞書を使用するにしても、単にその意味を調べるだけであれば得られる知識源も限られるが、全体の文の中にあてはめることによって、文脈知識や文法・統語知識といった複数の知識源を利用することになり、結果として語彙学習がより促され習得につながりやすいのかもしれない。

　また、この他に学習者間で差異が見られたものには、「声に出して発音する」ストラテジーがあった。学習歴が長くなるにつれて、「音声を聞く」と「声に出して発音する」ストラテジーの頻度は下がる傾向にあったが、成績上位群の学生は学習歴が長くなっても「声に出して発音する」ことに関して強い執着心があり、何度も繰り返し練習をしている様子が見られた。一方で、成績下位群の学生の多くは黙読や心の中で発音することはあるものの、実際に声に出して発音することはほとんどないと発言していた。

215

ここで再度、Laufer & Hulstijn（2001）の関与負荷仮説を振り返ってみたい。Laufer & Hulstijn（2001）は、学習語彙の定着度に影響を与える要因として必要性（need）、検索（search）、評価（evaluation）という3つの要因を挙げており、この3つの要因が関わる負荷が高ければ高いほど、記憶が長く保持できると主張している。全ての学習者が高い頻度で使用していた「辞書で調べる」ストラテジーは「検索」に相当し、成績上位群の学習者が単語を調べた後に文脈の中に再度あてはめていたのは「評価」に相当する。そして「必要性」とは語が4技能の言語活動において必要とされる度合いを意味するのだが、教師からの指示などで語を使ってタスクを遂行しなければならない場合のように、外部要因により生じた必要性を「適度」の必要性があるとするのに対して、学習者自らの強い動機や必要から生じた必要性は「強度」の必要性があると区分されている。本調査では成績上位群の学習者には「読めるようになりたい」「発音が上手になりたい」という強い動機が見られ、彼らが「声に出して発音」していたことは、「強度の必要性」であったと判断することができる。つまりは、本章で調査をした成績上位群の学習者は、語彙学習の際により多くの負荷に関与していたことで、結果として、語彙の習得に成功している可能性が高いと考えられる。

　この他に、学習歴が長くなるにつれて、教師に頼ったり、教師から言われるままの方法で学習することは徐々に減っていき、どの語彙が重要であるかを学習者自身が判断し、いかにより効率的な方法を使うかを学習者自身が考えてストラテジーを選択し使用するようになり（strategic learning）、自律的学習能力を身につけていくことも本章では示唆された。

【注】

[1]　オンライン辞書の名称。
[2]　2年生が使用している教材の《博雅汉语》の略称。
[3]　NHKの中国語学習の番組。
[4]　*M*は使用頻度の平均値を表し、*SD*は標準偏差を表す。

第6章　おわりに

6.1　研究結果のまとめ

　本書では、学習者の未知語の処理と語彙学習ストラテジーを分析することで、日本語をL1とする学習者の語彙習得と語彙学習に影響を与える要因について考察を行った。その結果、学習者の母語、特に漢字知識は様々な形で語彙習得と語彙学習に影響を与えていることが調査からも実証された。以下、言語的側面と学習者の側面から本書の考察結果をまとめる。

6.1.1　言語的側面

　日本語をL1とする学習者の語彙習得にとって、既知の漢字知識はプラスに働くこともあれば、マイナスに働くこともある。本書の調査では、学習者が語を構成する語素義を正しい意味で把握することができた場合には、未知語の処理に成功するケースが多かった。しかし、学習歴が短い場合、語素義を正確につかめないことも多く、考察の結果からは次の4点を留意すべき言語的要因として挙げることができる。

（1）語素の多義性
　学習者が未知語の処理に失敗する原因として最も多かったのは、語素の多義性によるものであった。表意文字である漢字は、1字で複数の意味を持つ場合があり、また日本語と中国語では使用頻度の高い意味が異なる場合がある。学習者は学習歴が短い場合、日本語で使用頻度が高い意味、日常での使用頻度が高く馴染みがある意味で語素義を捉える傾向にあった。そして漢字だけを見て判断をしようとする場合、学習者は語素義の理解を誤ることがあ

217

るということもわかった。

(2) 語意の透明性

語意の透明性とは語素の意味から全体の語の意味が推し測れる程度で、透明性の高い語の場合、学習者は漢字知識を活かしやすく、語彙知識の獲得に成功しやすかった。しかし、語素の意味が語の意味に直接反映されず、語素義が比喩的に用いられる透明性が低い語の場合、学習者は漢字知識を活かせず、意味の把握が難しいことが考察された。

(3) 母語干渉

調査では、中国語の語の意味を理解しようとする際に、学習者が日本語特有の語や表現に影響を受けているケースが度々見られた。特に学習歴が短い場合はL1の干渉を受けやすく、やはり日本語で馴染みがある意味で捉える傾向にある。

また、中国語と日本語には日中同形語が多くあり、その中には異義語や日中間で使用方法や使用範囲にずれがある語も少なくない。本書の調査でも、日中同形であるがゆえ、学習者が誤って日本語と同じ意味で理解をしていたり、未知の語であるということに気がつかないケースが多く見られた。

(4) 漢字の字形

"从事（従事）"や"无穷（無窮）"のように日本語と同じ意味であるにも関わらず、日本語の漢字と大きく字体が異なる場合には学習者は既知の知識を活かせず、語彙習得につながりにくかった。

また"眉"を「媚」や「盾」と誤解したり、"凉"を"谅"や"惊"、"颜"を"烦"と混同するなど、字形の似た漢字を使用した他の語を誤って連想しているケースも見られ、日常で漢字を使用する日本語母語話者であっても、漢字の字形の影響を受ける様子が考察された。

第6章　おわりに

6.1.2　学習者の側面

　以下では、日本語をL1とする学習者の特徴と傾向、そして調査から得られた考察結果を学習者の観点からまとめている。

（1）未知語への気づき

　日本語をL1とする学習者の場合、漢字知識に頼りがちであり、語を形成する漢字を知っているために、未知の語であっても「知っている語」であるような錯覚を覚えたり、「知っている語」と思っていても実は誤って理解をしていること、「知らない語」であるということに学習者が気づかないようなことがある。これらは日々の学習の中でも起こりうることで、漢字がわかるがゆえに、学習者が未知の語に気がつかず、誤った理解のまま長期記憶に入ってしまう危険性がある。このことからも、学習者による「知っている」「知らない」の判断は非常に危ういものであると言える。

（2）未知語の処理に使用する知識源とストラテジー

　学習者が未知語を処理する際には、知識源と併せてストラテジーを用いている。本書の調査では、学習者が読解活動において未知の語を処理する際に、以下の9種類の知識源と8種類のストラテジーを使用している様子が観察され、その中には日本語を母語とする中国語学習者特有と思われるものもあった。

　【知識源】
　（1）文法・統語（2）談話（3）漢字のイメージ（4）L2語彙連想（5）L1語彙連想（6）語構成（7）L2常識（8）一般常識（9）個人の体験
　【ストラテジー】
　（1）モニタリング（2）自問自答（3）字を書く（4）L2発話（5）繰り返し（6）内容再構築（7）検証（8）無視（保留）

219

知識源に関して、日本語をL1とする学習者は、既知の漢字知識を利用した（3）漢字のイメージ（5）L1語彙連想を多用する傾向にあり、Nassaji（2003）の先行研究と比較しても、（5）L1語彙連想の使用率は際立って高かった。本書の調査においては、L1語彙連想よりもL2語彙連想の方が有効性は高く、L1知識だけに頼ると学習効果は低いことが示されている。しかしその一方で、優秀な学習者はL1語彙連想を利用しても、L1の干渉をさほど受けておらず、L1語彙連想の成功率も決して低くはなかった。優秀な学習者は複数の異なる知識源とかけあわせた上で、L1知識を適切に利用している様子が見られ、このことからも、L1である日本語の知識もL2の中国語語彙を学習する上で使い方によっては役に立つと考えることができる。また本書では、日本語をL1とする学習者が漢字知識を利用する（「語の同定」）場合、文中の情報やその他の知識と照らしあわせるというプロセス（「意味の創出」）を踏むことで、既知の知識を活かし、より正確な理解を導きやすいということが推察されている。

（3）より良い語彙学習とは

　本書の調査では、学習者は皆「辞書で調べる」ストラテジーを高い頻度で使用していたが、その使用方法には学習者によって差異があり、語を調べた後に文脈の中に再度あてはめて、全体の内容理解に努めたり、文構造を考えたりすると、結果として文脈知識や文法・統語知識といった複数の知識源を利用することになり、語彙学習がより促進されて習得につながりやすい可能性が示唆された。つまりは、語彙学習の際にも、複数の知識源とかけあわせる方がより効果的である可能性が考えられる。

　また、語彙学習は関与負荷仮説で提唱する3つの要因「必要性」「検索」「評価」に関わる負荷が高ければ高いほど習得に成功する可能性が高いことも推察された。学習歴が長くなるにつれて、全体の学習者の「声に出して発音する」ストラテジーの使用頻度は下がる傾向にあったが、優秀な学習者には「読めるようになりたい」「発音が上手になりたい」という強い動機が見

られ、学習歴が長くなっても「声に出して発音する」ことに関して強い執着心があった。これらのことより、優秀な学習者は語彙学習の際に、自らの強い動機によってより多くの負荷に関与することで、学習に成功していた可能性が考えられる。

また、学習歴が長くなるにしたがい、学習者は様々な方法を活用して自身で語彙を学習する術を身につけるようになっていく様子が見られ、教師に頼ったり、教師から言われるままの方法で機械的に学習することは徐々に減っていき、どの語彙が重要であるかを学習者自身が判断し、より効率的な方法を自ら考えてストラテジーを選択し使用するようになっていくことがわかった。

6.2　研究の限界と今後の課題

本書における調査は、全て某国立大学の外国語学部中国語専攻の学生を対象としている。そのため調査対象者は相対的に優秀な学習者であることが予測され、「成績下位群」の学習者も、日本語を母語とする中国語学習者全体の中では優秀な部類に位置づけられる可能性がある。よって、本書での調査結果を単純に一般化することはできず、研究結果の信頼性と一般性を高めるには、より多様な層の学習者に対して調査を行うことが求められるだろう。また第4章を始めとして、質的調査方法を主たる研究手法としているものは、学習者の習得プロセスや、量的調査で得られた結果の原因を探ることを目的としているため、サンプル数には限りがあり、調査結果に普遍性を求めることはできない。

またNation（2001）の語彙知識に関する理論枠組みには「音声」が含まれ、第4章の調査では学習者がL2発話のストラテジーを使用する様子が見られたり、第5章の語彙学習ストラテジーに関する調査でも、中国語の語彙学習の成否には「声に出して発音する」ストラテジーの使用が影響する可能性があることが示唆されている。しかし本書では「音声」の習得および学習に

関する調査は充分にはできておらず、今後の研究の課題として残されている。

6.3　学習者の語彙学習に対する指導への示唆

　日本語をL1とする中国語学習者の語彙習得に、漢字が影響を及ぼすことは、改めて言及するまでもなく、多くの中国語教師はこれまでの経験から感じていたことであろう。しかし語彙指導における漢字知識の利用については教師間においても考え方は様々で、果たして学習者が漢字を利用して語彙を学習することが良いのかどうか、日本語母語話者は既に持っている漢字知識をどのように活かせばよいのか、その答えははっきりとはしていなかった。

　本書の調査でも、学習者がL1知識だけに頼ろうとすると、語彙習得に失敗する可能性が高いことが明らかになっている。しかし、学習者がL1や漢字の知識だけに頼るのではなく、複数の異なる種類の知識源とかけあわせると、漢字の知識が活かされ、より学習効果が上がる可能性が示唆されており、文脈や文法、統語、その他の情報と照らしあわせるというプロセスを踏んだ上で、漢字知識を利用すると、その有効性が上がるということが推察されている。つまりは、漢字知識を利用する、利用しないという二分論ではなく、どのような時にどのような方法で既知の漢字知識を活かすのかということが重要であり、ただ漢字だけを見て語彙知識を得ようとするのではなく、広い視野を持ち、できるだけ多くの知識と情報を活用して学習する習慣を学習者に身につけさせることが必要であると思われる。

　教師が語彙の指導をする際にも、漢字にはいくつかの意味があること、漢字の意味が比喩的に用いられることもあるということ、そして同じ漢字であっても中国語と日本語では使われる意味が異なるケースがあるということを早い段階で学習者に指導し、安易に日本語と同じ意味と考えたり、漢字だけを見て判断したりするようなことはせず、文脈や文構造にもよく注意を払って語彙を学習するよう指導することが大事であろう。朱湘燕・周健（2007）は複合語の中の語素義の複雑さとして同形異音異義の語素があるこ

とを指摘しているが、本書では第4章で、学習者が発音の違いをヒントにして語素の意味をつかもうとしていたケースが見られている。2つ以上の読み方のある漢字については、授業で該当する漢字を含む単語を取り扱う際に、異なる読み方と、読み方が変わるとどのような意味になるかを併せて教えると語彙学習においても有効であろう。また、日中間で漢字の字体が異なるものは、日本語ではどの漢字に相当するかを逐一教えることで、学習者は既知の漢字知識をより活かすことができると思われる。

　学習者が教室外で学習する時にも同様で、辞書を使用する際にも対象語を調べるだけでなく全体を見渡すこと、教師に言われたことだけをただ機械的にこなすのではなく、学習者自身で何が必要であるのか、より有効な学習方法は何なのかを考えながらストラテジーを選択し、複数のストラテジーを併せて使用することが求められる。近年の外国語教育研究の焦点は「言語」から「学習者」へと移りつつあり、教師は「何を教えるか」ということだけではなく、「どのような学習者を育てるか」ということにも目を向けなければならないと言える。学習者自身が自らの意志で、自分で考えながら学習する自律的学習能力を養うことは語彙学習においても非常に重要であると言えるだろう。

参考文献

【日本語文献】

王占華・苞山武義・一木達彦（2006）『中国語学概論（改訂版）』東京：駿河台出版社

大河内康憲（1990）「日本語と中国語の語彙の対照」，玉村文郎編『日本語と日本語教育7　日本語の語彙・意味（下）』東京：明治書院，pp.54-80

海保博之・原田悦子（1993）『プロトコル分析入門――発話データから何を読むか』東京：新曜社

加藤稔人（2005）「中国語母語話者による日本語の語彙習得――プロトタイプ理論、言語転移理論の観点から」『第二言語としての日本語の習得研究』8，pp.5-23

門田修平（2003）『英語のメンタルレキシコン』東京：松柏社

菊池民子（2004）「日本語学習者の読解における「読みのスタイル」の多様性―使用ストラテジーの観点から―」『言語文化と日本語教育』27，pp.144-156

菊池民子（2006）「よい読み手の読解過程に見られる特徴―ストラテジー連鎖の視点から―」『言語文化と日本語教育』31，pp.1-10

鬼田崇作（2010）「第二言語読解を通した付随的語彙習得研究の概観と展望」『広島大学大学院教育学研究科紀要　第二部』59，pp.203-210

鈴木慶夏（2014）「プロトコル・データからみた学習者の文法体系―教育文法への示唆―」『中国語教育』12，pp.46-68

鈴木健太郎（2016）「日本人初級外国語学習者の未知語推測方略の検証」『共栄大学研究論集』14，pp.107-117

張文麗（2008）「プロトコル分析は何を明らかにしたか―習得メカニズムを探る研究の概観から―」『言語文化と日本語教育』増刊特集号、第二言語習得・教育の研究最前線，pp.168-190

陳毓敏（2003）「中国語を母語とする日本語学習者における漢語習得研究の概観―意味と用法を中心に―」『言語文化と日本語教育』増刊特集号、第二言語習得・教育の研究最前線，pp.96-113

德田恵（2006）「読解における未知語の意味推測と語彙学習」『言語文化と日本語教育』増刊特集号、第二言語習得・教育の研究最前線，pp.10-30

中村太一（2004）「語彙の習得」，小池生夫編『第二言語習得研究の現在――これからの外国語教育への視点』東京：大修館書店，pp.2-22

畑佐一味・畑佐由紀子・百濟正和・清水崇文編（2012）『第二言語習得研究と言語教育』東京：くろしお出版

堀場裕紀江（2002）「第2言語としての日本語リーディング研究の展望」『第二言語としての日本語の習得研究』5，pp.108-132

堀場裕紀江（2015a）「語彙知識とそのテクスト理解との関係：中国語・韓国語を母語とするL2言語学習者と日本語母語話者の比較研究」『言語科学研究：神田外語大学大学院紀要』21，pp.23-46

堀場裕紀江（2015b）「第二言語における語彙の習得と運用」『日本語学』34（14），臨時増刊号、入門：第二言語習得研究，pp.40-54

真嶋潤子（2015）「学習者の個人差」『日本語学』34（14），臨時増刊号、入門：第二言語習得研究，pp.124-136

森美子（2004）「語彙推測方略の個人差」『言語文化と日本語教育』増刊特集号、第二言語習得・教育の研究最前線，pp.14-37

谷内美智子（2002）「第二言語としての語彙習得研究の概観――学習形態・方略の観点から」『言語文化と日本語教育』増刊特集号、第二言語習得・教育の研究最前線，pp.155-169

谷内美智子（2003a）「付随的語彙学習に関する研究の概観」『言語文化と日本語教育』増刊特集号、第二言語習得・教育の研究最前線，pp.78-95

谷内美智子（2003b）「第二言語としての日本語の読解における問題点―内容再生文からの分析―」『山村学園短期大学紀要』15，pp.141-160

谷内美智子・小森和子（2009）「第二言語の未知語の意味推測における文脈

の効果―語彙的複合動詞を対象に―」『日本語教育』142，pp.113-122

山方純子（2007）「第2言語読解における未知語の意味推測研究の概観――下位レベルの推測ストラテジー使用に着目して」『言語科学研究：神田外語大学大学院紀要』13，pp.37-51

山方純子（2008）「日本語学習者のテクスト理解における未知語の意味推測―L2知識と母語背景が及ぼす影響―」『日本語教育』139，pp.42-51

山方純子（2013）「第二言語読解における語彙推測――語彙知識、母語背景、及び、テクストのトピックへの馴染み深さが及ぼす影響」神田外語大学言語科学研究科博士学位論文

吉澤真由美（2004）「L2読解におけるincidental vocabulary learning：教育的支援に関する研究の概観と今後の課題」『言語文化と日本語教育』増刊特集号、第二言語習得・教育の研究最前線，pp.88-108

吉田真美（2011）「偶発的語彙学習における未知語の推測能力と符号化処理能力の影響」『JACET Kansai journal』13，pp.62-73

和氣圭子（2013）「中上級日本語学習者の読解における困難点：think-aloud法による事例研究」『言語科学研究：神田外語大学大学院紀要』19，pp.101-115

【英語文献】

Aitchison, J. (1994) *Words in the Mind: An Introduction to the Mental Lexicon* (2nded.), Oxford: Blackwell.

Brusnighan, S. M. & Folk, J. R. (2012) Combining Contextual and Morphemic Cues Is Beneficial during Incidental Vocabulary Acquisition: Semantic Transparency in Novel Compound Word Processing, *Reading Research Quarterly*, 47(2), pp.172-190.

Fraser, C. A. (1999) Lexical Processing Strategy Use and Vocabulary Learning through Reading, *Studies in Second Language Acquisition*, 21(2), pp.225-241.

Gu, Y. & Johnson, R. K. (1996) Vocabulary Learning Strategies and Language Learning Outcomes, *Language Learning*, 46(4), pp.643-679.

Haastrup, K. (1991) *Lexical Inferencing Procedures or Talking about Words: Receptive Procedures in Foreign Language Learning with Special Reference to English*, Tübingen: Günter Narr.

Hu, H. M. & Nassaji, H. (2014) Lexical inferencing strategies: The case of successful versus less successful inferencers, *System*, 45(1), pp.27-38.

Huckin, T. & Bloch, J. (1993) Strategies for inferring word-meanings in context: A cognitive model. In T. Huckin; M. Haynes; J. Coady (Eds.), *Second language reading and vocabulary learning*, Norwood, New Jersey: Ablex Publishing Corporation, pp.153-176.

Huckin, T. & Coady, J. (1999) Incidental Vocabulary Acquisition in a Second Language, *Studies in Second Language Acquisition*, 21(2), pp.181-193.

Hulstijn, J. H. & Laufer, B. (2001) Some Empirical Evidence for the Involvement Load Hypothesis in Vocabulary Acquisition, *Language Learning*, 51(3), pp.539-558.

Kim, Y. (2011) The Role of Task-Induced Involvement and Learner Proficiency in L2 Vocabulary Acquisition, *Language Learning*, 61(1), pp.100-140.

Koda, K. (2005) *Insights into Second Language Reading: A Cross-Linguistic Approach*, Cambridge: Cambridge University Press.

Laufer, B. (1990) Ease and Difficulty in Vocabulary Learning: Some Teaching Implications, *Foreign Language Annals*, 23(2), pp.147-156.

Laufer, B. (1997) The Lexical Plight in Second Language Reading: Words You Don't Know, Words You Think You Know and Words You Can't Guess. In J. Coady & T. Huckin (Eds.), *Second Language Vocabulary Acquisition: A Rationale for Pedagogy*, Cambridge: Cambridge University Press, pp.20-34.

Laufer, B. & Hulstijn, J. H. (2001) Incidental Vocabulary Acquisition in a Second Language: The Construct of Task-Induced Involvement, *Applied Linguistics*, 22(1), pp.1-26.

Mori, Y. (2003) The Roles of Context and Word Morphology in Learning New Kanji Words, *The Modern Language Journal*, 87(3), pp.404-420.

Nagy, W. E, Anderson, R. C. & Herman, P. (1987) Learning Word Meanings from Context during Normal Reading, *American Educational Research Journal*, 24(2), pp.237-270.

Nakamura, T. (2002) *Vocabulary Learning Strategies: The Case of Japanese Learners of English*, Kyoto: Koyo Shobo.

Nassaji, H. (2003) L2 Vocabulary Learning from Context: Strategies, Knowledge Sources, and Their Relationship with Success in L2 Lexical Inferencing, *TESOL Quarterly*, 37(4), pp.645-670.

Nassaji, H. (2004) The Relationship between Depth of Vocabulary Knowledge and L2 Learners' Lexical Inferencing Strategy Use and Success, *Canadian Modern Language Review*, 61(1), pp.107-134.

Nassaji, H. (2006) The Relationship between Depth of Vocabulary Knowledge and L2 Learners' Lexical Inferencing Strategy Use and Success, *The Modern Language Journal*, 90(3), pp.387-401.

Nation, I. S. P. (2001) *Learning Vocabulary in Another Language*, Cambridge: Cambridge University press.

Oxford, R. (1990) *Language Learning Strategies: What Every Teacher Should Know*, New York: Newbury House.

Paribakht, T. S. & Wesche, M. (1999) Reading and "Incidental" Vocabulary Acquisition: An Introspective Study of Lexical Inferencing, *Studies in Second Language Acquisition*, 21(2), pp.195-224.

Pulido, D. (2007) The Effects of Topic Familiarity and Passage Sight Vocabulary on L2 Lexical Inference and Retention through Reading,

Applied Linguistics, 28(1), pp.66-86.

Qian, D. (2002) Investigating the Relationship between Vocabulary Knowledge and Academic Reading Performance: An Assessment Perspective, *Language Learning*, 52(3), pp.513-536.

Rott, S. (1999) The Effect of Exposure Frequency on Intermediate Language Learners' Incidental Vocabulary Acquisition and Retention through Reading, *Studies in Second Language Acquisition*, 21(4), pp.589-619.

Schmitt, N. (1997) Vocabulary Learning Strategies. In Schmitt, N. & McCarthy, M. (Eds.), *Vocabulary: Description, Acquisition and Pedagogy*, Cambridge: Cambridge University Press, pp.199-227.

Webb, S. (2007) The Effects of Repetition on Vocabulary Knowledge, *Applied Linguistics*, 28(1), pp.46-65.

Wesche, M. & Paribakht, T. S. (1996) Assessing Second Language Vocabulary Knowledge: Depth Versus Breadth, *Canadian Modern Language Review*, 53(1), pp.13-40.

【中国語文献】

北京大学中文系现代汉语教研室（2004）《现代汉语（重排版）》，北京：商务印书馆

北京语言学院语言教学研究所（1986）《现代汉语频率词典》，北京：北京语言学院出版社

范红娟（2012）汉语第二语言学习者与母语者在猜词过程中的差异研究，北京大学硕士论文

冯丽萍（2003）中级汉语水平留学生的词汇结构意识与阅读能力的培养，《世界汉语教学》第2期，pp.66-71

冯丽萍（2011）《现代汉语词汇认知研究》，北京：北京师范大学出版社

冯丽萍·宋志明（2004）词素性质与构词能力对留学生中文词素识别的影响，《云南师范大学学报（对外汉语教学与研究版）》第6期，pp.33-38

符淮青（1985）《现代汉语词汇》，北京：北京大学出版社

干红梅（2008）语义透明度对中级汉语阅读中词汇学习的影响，《语言文字应用》第1期，pp.82-90

干红梅（2009）词语结构及其识别对汉语阅读中词汇学习的影响，《语言文字应用》第3期，pp.120-128

干红梅（2011）上下文语境对汉语阅读中词汇学习的影响———一项基于自然阅读的调查报告，《语言教学与研究》第3期，pp.10-16

干红梅（2012）中级汉语学习者猜词过程和阅读模式分析，《华文教学与研究》第2期，pp.30-38

高立群·黎静（2005）日本留学生汉日同形词词汇通达的实验研究，《世界汉语教学》第3期，pp.97-105

高立群·孟凌（2000）外国留学生汉语阅读中音、形信息对汉字辨认的影响，《世界汉语教学》第4期，pp.67-76

高立群·孟凌·刘兆静（2003）日本留学生心理词典表征结构的实验研究，《当代语言学》第2期，pp.120-132

高立群·赵媛琳（2008）日本学生汉语复合词构词法意识实验研究，《汉语学习》第2期，pp.82-90

葛本仪（2001）《现代汉语词汇学》，济南：山东人民出版社

国家对外汉语教学领导小组办公室汉语水平考试部（1992）《汉语水平词汇与汉字等级大纲》，北京：北京语言学院出版社

郭胜春（2004）汉语语素义在留学生词义获得中的作用，《语言教学与研究》第6期，pp.27-36

郭胜春（2006）常用合成词语素显义类型统计分析及其对教学的启示，《暨南大学华文学院学报》第1期，pp.9-12

江新（2000）汉语作为第二语言学习策略初探，《语言教学与研究》第1期，pp.61-68

江新（2002）中级阶段日韩学生汉语阅读中字形和字音的作用，《汉语作为第二语言的习得与认知研究》（崔希亮 等著），北京：北京大学出版社，

pp.156-166

江新（2003）不同母语背景的外国学生汉字知音和知义之间关系的研究，《语言教学与研究》第6期，pp.51-57

江新（2008）《对外汉语字词与阅读学习研究》，北京：北京语言大学出版社

江新·房艳霞（2012）语境和构词法线索对外国学生汉语词义猜测的作用，《心理学报》第1期，pp.76-86

李晋霞·李宇明（2008）论词义的透明度，《语言研究》第3期，pp.60-65

刘颂浩（1999）阅读课上的词汇训练，《世界汉语教学》第4期，pp.12-23

刘颂浩（2001）关于在语境中猜测词义的调查，《汉语学习》第1期，pp.45-49

刘颂浩（2002）汉语学习者阅读中的理解监控行为考察，《暨南大学华文学院学报》第3期，pp.1-10

刘颂浩（2007）对外汉语教学中的本位之争，《汉语教学学刊》第3辑，pp.72-93

刘颂浩（主编）（2016）《汉语阅读教学研究》，北京：北京语言大学出版社

鹿士义（2001）词汇习得与第二语言能力研究，《世界汉语教学》第3期，pp.53-62

吕叔湘（1979）《汉语语法分析问题》，北京：商务印书馆

吕文华（1999）《对外汉语教学语法体系研究》，北京：北京语言文化大学出版社

钱旭菁（2003）汉语阅读中的伴随性词汇学习研究，《北京大学学报（哲学社会科学版）》第4期，pp.135-142

钱旭菁（2005）词义猜测的过程和猜测所用的知识——伴随性词语学习的个案研究，《世界汉语教学》第1期，pp.87-96

沈国威（2014）《汉外词汇教学新探索》，大阪：关西大学中国语教材研究会

孙晓慧·罗少茜（2015）汉语作为第二语言初级学习者阅读体验个案研究——从现象学研究视角，《云南师范大学学报（对外汉语教学与研究版）》第6期，pp.21-29

孙晓明（2005）投入因素对欧美学生汉语词汇学习的影响，《语言教学与研究》

第3期，pp.59-65

孙晓明（2012）任务为导向的留学生伴随性词汇学习研究，《汉语学习》第4期，pp.91-96

吴门吉（2008）对欧美韩日学生阅读猜词策略的问卷调查研究，《云南师范大学学报（对外汉语教学与研究版）》第4期，pp.17-23

吴门吉（2012）从猜词策略看欧美学生汉语阅读能力发展过程，《云南师范大学学报（对外汉语教学与研究版）》第6期，pp.1-8

吴门吉·陈令颖（2012）词汇刻意学习与伴随性学习的比较研究——以初级水平东南亚汉语学习者为例，《华文教学与研究》第3期，pp.11-18

吴门吉·高定国·肖晓云·章睿健（2006）欧美韩日学生汉字认读与书写习得研究，《语言教学与研究》第6期，pp.64-71

吴思娜（2016）词汇、句法和元认知策略对日本学生汉语阅读理解的影响，《语言教学与研究》第2期，pp.59-66

吴勇毅（2001）汉语"学习策略"的描述性与介入性研究，《世界汉语教学》第4期，pp.69-74

吴勇毅（2007）不同环境下的外国人汉语学习策略研究，上海师范大学博士学位论文

邢红兵（2003）留学生偏误合成词的统计分析，《世界汉语教学》第4期，pp.67-78

许敏（2003）《汉语水平词汇等级大纲》双音节结构中语素组合方式、构词能力统计研究，北京语言大学硕士研究生学位论文

徐子亮（1999）外国学生汉语学习策略的认知心理分析，《世界汉语教学》第4期，pp.75-85

鄢胜涵（2007）留学生汉语词汇学习策略的研究，《上海大学学报（社会科学版）》第3期，pp.138-141

张和生（2006）外国学生汉语词汇学习状况计量研究，《世界汉语教学》第1期，pp.70-77

张和生（2010）《对外汉语词汇教学研究——义类与形类》，北京：北京大学出

版社

张江丽 (2010) 词义与语素义之间的关系对词义猜测的影响,《语言教学与研究》第3期, pp.16-22

张琦·江新 (2015) 中级和高级汉语学习者语素意识与阅读关系的研究,《华文教学与研究》第3期, pp.11-17

赵杨 (2015)《第二语言习得》, 北京：外语教学与研究出版社

周荐 (2004)《汉语词汇结构论》, 上海：上海辞书出版社

朱德熙 (1982)《语法讲义》, 北京：商务印书馆

朱湘燕·周健 (2007) 留学生阅读中复合词词义猜测研究,《语言文字应用》第4期, pp.77-85

朱勇·崔华山 (2005) 汉语阅读中的伴随性词汇学习再探,《暨南大学华文学院学报》第2期, pp.15-22

朱勇·孔令琦 (2017) 来华汉语专业研究生阅读能力质性研究,《华文教学与研究》第1期, pp.26-33

朱志平 (2005)《汉语双音复合词属性研究》, 北京：北京大学出版社

朱志平 (2006) 双音节复合词语素结合理据的分析及其在第二语言教学中的应用,《世界汉语教学》第1期, pp.83-90

【調査使用テキスト】

李晓琪 (主编) (2006)《博雅汉语中级冲刺篇Ⅱ》, 北京：北京大学出版社

李晓琪 (主编) (2008)《博雅汉语高级飞翔篇Ⅲ》, 北京：北京大学出版社

付録資料

付録1　語彙テスト（第3章）

（　　　）年（　　　）班　　　名前（　　　　　　　　　　　　）

留学経験（　有　・　無　）　　留学経験がある場合（　　　年　　　ヶ月）
検定を持っている人は何級を持っていますか？　　中国語検定（　　　）級
　　　　　　　　　　　　　　　　　　　　　　　　HSK　　　（　　　）級
　　　　　　　　　　　　　　　　　　　　　　　その他（　　　　　　　）

以下の質問に答えてください。

1)　我下个月要做小李的<u>伴郎</u>。

・下線の単語の意味を知っていますか？（　知っている　・　知らない　）

・漢字から下線部の単語の意味を推測して書いてください。

　　　　　　　　　　　　　　　　　（　　　　　　　　　　　　　　）

・どうして上記のような意味だと思いましたか？　どのように考えて答えを
　導きましたか？
　詳しく書いてください。

2)　我们公司的产量在这四年基本<u>持平</u>。

・下線の単語の意味を知っていますか？（　知っている　・　知らない　）

・漢字から下線部の単語の意味を推測して書いてください。

　　　　　　　　　　　　　　　　　（　　　　　　　　　　　　　　）

・どうして上記のような意味だと思いましたか？　どのように考えて答えを
　導きましたか？
　詳しく書いてください。

付録資料

3） 这凉席真不错，我向你推荐。

・下線の単語の意味を知っていますか？（　知っている　・　知らない　）

・漢字から下線部の単語の意味を推測して書いてください。

（　　　　　　　　　　　　　　　）

・どうして上記のような意味だと思いましたか？　どのように考えて答えを

導きましたか？

詳しく書いてください。

4） 那件事还没有一点儿眉目。

・下線の単語の意味を知っていますか？（　知っている　・　知らない　）

・漢字から下線部の単語の意味を推測して書いてください。

（　　　　　　　　　　　　　　　）

・どうして上記のような意味だと思いましたか？　どのように考えて答えを

導きましたか？

詳しく書いてください。

5） 听说川剧很难懂，我很有兴趣。

・下線の単語の意味を知っていますか？（　知っている　・　知らない　）

・漢字から下線部の単語の意味を推測して書いてください。

（　　　　　　　　　　　　　　　）

・どうして上記のような意味だと思いましたか？　どのように考えて答えを

導きましたか？

詳しく書いてください。

235

6） 这个结果和现实情况出入不大。

・下線の単語の意味を知っていますか？（　知っている　・　知らない　）

・漢字から下線部の単語の意味を推測して書いてください。

（　　　　　　　　　　　　　　）

・どうして上記のような意味だと思いましたか？　どのように考えて答えを
導きましたか？

詳しく書いてください。

7） 他结婚之后安分多了。

・下線の単語の意味を知っていますか？（　知っている　・　知らない　）

・漢字から下線部の単語の意味を推測して書いてください。

（　　　　　　　　　　　　　　）

・どうして上記のような意味だと思いましたか？　どのように考えて答えを
導きましたか？

詳しく書いてください。

8） 他总是差遣我，真没办法。

・下線の単語の意味を知っていますか？（　知っている　・　知らない　）

・漢字から下線部の単語の意味を推測して書いてください。

（　　　　　　　　　　　　　　）

・どうして上記のような意味だと思いましたか？　どのように考えて答えを
導きましたか？

詳しく書いてください。

付録資料

9)　他是怎么<u>推翻</u>他的论述的呢?

・下線の単語の意味を知っていますか?（　知っている　・　知らない　）

・漢字から下線部の単語の意味を推測して書いてください。

（　　　　　　　　　　　　　　）

・どうして上記のような意味だと思いましたか?　どのように考えて答えを
　導きましたか?

　詳しく書いてください。

今回の調査に関して、個人的に質問をすることがあるかもしれません。

今後の調査に協力してもいいという方は、差しつかえなければメールアドレ
スを教えてください。

<u>メールアドレス</u>

（　　　　　　　　　　　　　　　　　　　　　　　　　　　）

付録2　2年生語彙テスト（第4章）

1.　　颇感
　　a.　以前にこの語を見たことはない。
　　b.　以前にこの語を見たことはあるが、意味はわからない。
　　c.　以前にこの語を見たことがある。
　　　　この語の意味は＿＿＿＿＿＿＿＿＿と思う。
　　d.　この語の意味を知っている。意味は＿＿＿＿＿＿＿＿＿。
　　e.　この語を使って文を作ることができる。
　　　　＿＿＿＿＿＿＿＿＿＿＿＿＿＿＿＿＿＿＿＿＿。
　　（eを選択した場合dについても解答すること）

2.　　高尔夫球
　　a.　以前にこの語を見たことはない。
　　b.　以前にこの語を見たことはあるが、意味はわからない。
　　c.　以前にこの語を見たことがある。
　　　　この語の意味は＿＿＿＿＿＿＿＿＿と思う。
　　d.　この語の意味を知っている。意味は＿＿＿＿＿＿＿＿＿。
　　e.　この語を使って文を作ることができる。
　　　　＿＿＿＿＿＿＿＿＿＿＿＿＿＿＿＿＿＿＿＿＿。
　　（eを選択した場合dについても解答すること）

3.　　冰箱
　　a.　以前にこの語を見たことはない。
　　b.　以前にこの語を見たことはあるが、意味はわからない。
　　c.　以前にこの語を見たことがある。
　　　　この語の意味は＿＿＿＿＿＿＿＿＿と思う。
　　d.　この語の意味を知っている。意味は＿＿＿＿＿＿＿＿＿。

付録資料

e. この語を使って文を作ることができる。

_____。

（eを選択した場合dについても解答すること）

4.　　左撇子

　　a.　以前にこの語を見たことはない。

　　b.　以前にこの語を見たことはあるが、意味はわからない。

　　c.　以前にこの語を見たことがある。

　　　　この語の意味は＿＿＿＿＿＿＿＿＿と思う。

　　d.　この語の意味を知っている。意味は＿＿＿＿＿＿＿＿＿。

　　e.　この語を使って文を作ることができる。

_____。

（eを選択した場合dについても解答すること）

5.　　门柄

　　a.　以前にこの語を見たことはない。

　　b.　以前にこの語を見たことはあるが、意味はわからない。

　　c.　以前にこの語を見たことがある。

　　　　この語の意味は＿＿＿＿＿＿＿＿＿と思う。

　　d.　この語の意味を知っている。意味は＿＿＿＿＿＿＿＿＿。

　　e.　この語を使って文を作ることができる。

_____。

（eを選択した場合dについても解答すること）

6.　　吃力

　　a.　以前にこの語を見たことはない。

　　b.　以前にこの語を見たことはあるが、意味はわからない。

c. 以前にこの語を見たことがある。

この語の意味は _____ と思う。

d. この語の意味を知っている。意味は _____ 。

e. この語を使って文を作ることができる。

_____ 。

（eを選択した場合dについても解答すること）

7. 厂商

a. 以前にこの語を見たことはない。

b. 以前にこの語を見たことはあるが、意味はわからない。

c. 以前にこの語を見たことがある。

この語の意味は _____ と思う。

d. この語の意味を知っている。意味は _____ 。

e. この語を使って文を作ることができる。

_____ 。

（eを選択した場合dについても解答すること）

8. 鱼竿

a. 以前にこの語を見たことはない。

b. 以前にこの語を見たことはあるが、意味はわからない。

c. 以前にこの語を見たことがある。

この語の意味は _____ と思う。

d. この語の意味を知っている。意味は _____ 。

e. この語を使って文を作ることができる。

_____ 。

（eを選択した場合dについても解答すること）

付録資料

9. 萨克斯管
   a. 以前にこの語を見たことはない。
   b. 以前にこの語を見たことはあるが、意味はわからない。
   c. 以前にこの語を見たことがある。
      この語の意味は＿＿＿＿＿＿＿＿＿＿と思う。
   d. この語の意味を知っている。意味は＿＿＿＿＿＿＿＿＿。
   e. この語を使って文を作ることができる。

      ＿＿＿＿＿＿＿＿＿＿＿＿＿＿＿＿＿＿＿＿＿。

      （eを選択した場合dについても解答すること）

10. 排挡
   a. 以前にこの語を見たことはない。
   b. 以前にこの語を見たことはあるが、意味はわからない。
   c. 以前にこの語を見たことがある。
      この語の意味は＿＿＿＿＿＿＿＿＿と思う。
   d. この語の意味を知っている。意味は＿＿＿＿＿＿＿＿。
   e. この語を使って文を作ることができる。

      ＿＿＿＿＿＿＿＿＿＿＿＿＿＿＿＿＿＿＿＿＿。

      （eを選択した場合dについても解答すること）

11. 绕线栓
   a. 以前にこの語を見たことはない。
   b. 以前にこの語を見たことはあるが、意味はわからない。
   c. 以前にこの語を見たことがある。
      この語の意味は＿＿＿＿＿＿＿＿＿＿と思う。
   d. この語の意味を知っている。意味は＿＿＿＿＿＿＿＿。
   e. この語を使って文を作ることができる。

      ＿＿＿＿＿＿＿＿＿＿＿＿＿＿＿＿＿＿＿＿＿。

      （eを選択した場合dについても解答すること）

付録3　3年生語彙テスト（第4章）

1.　　　失調

　　a.　以前にこの語を見たことはない。

　　b.　以前にこの語を見たことはあるが、意味はわからない。

　　c.　以前にこの語を見たことがある。

　　　　この語の意味は＿＿＿＿＿＿＿＿＿＿と思う。

　　d.　この語の意味を知っている。意味は＿＿＿＿＿＿＿＿＿。

　　e.　この語を使って文を作ることができる。

　　　　＿＿＿＿＿＿＿＿＿＿＿＿＿＿＿＿＿＿＿＿＿＿＿＿＿。

　　　　（eを選択した場合dについても解答すること）

2.　　　炸毀

　　a.　以前にこの語を見たことはない。

　　b.　以前にこの語を見たことはあるが、意味はわからない。

　　c.　以前にこの語を見たことがある。

　　　　この語の意味は＿＿＿＿＿＿＿＿＿＿と思う。

　　d.　この語の意味を知っている。意味は＿＿＿＿＿＿＿＿＿。

　　e.　この語を使って文を作ることができる。

　　　　＿＿＿＿＿＿＿＿＿＿＿＿＿＿＿＿＿＿＿＿＿＿＿＿＿。

　　　　（eを選択した場合dについても解答すること）

3.　　　从事

　　a.　以前にこの語を見たことはない。

　　b.　以前にこの語を見たことはあるが、意味はわからない。

　　c.　以前にこの語を見たことがある。

　　　　この語の意味は＿＿＿＿＿＿＿＿＿＿と思う。

　　d.　この語の意味を知っている。意味は＿＿＿＿＿＿＿＿＿。

付録資料

　e.　この語を使って文を作ることができる。

　　　_____。

　（eを選択した場合dについても解答すること）

4.　　　奥秘

　a.　以前にこの語を見たことはない。

　b.　以前にこの語を見たことはあるが、意味はわからない。

　c.　以前にこの語を見たことがある。

　　　この語の意味は_____と思う。

　d.　この語の意味を知っている。意味は_____。

　e.　この語を使って文を作ることができる。

　　　_____。

　（eを選択した場合dについても解答すること）

5.　　　造福

　a.　以前にこの語を見たことはない。

　b.　以前にこの語を見たことはあるが、意味はわからない。

　c.　以前にこの語を見たことがある。

　　　この語の意味は_____と思う。

　d.　この語の意味を知っている。意味は_____。

　e.　この語を使って文を作ることができる。

　　　_____。

　（eを選択した場合dについても解答すること）

6.　　　基因

　a.　以前にこの語を見たことはない。

　b.　以前にこの語を見たことはあるが、意味はわからない。

243

c. 以前にこの語を見たことがある。

この語の意味は＿＿＿＿＿＿＿＿と思う。

d. この語の意味を知っている。意味は＿＿＿＿＿＿＿＿。

e. この語を使って文を作ることができる。

＿＿＿＿＿＿＿＿＿＿＿＿＿＿＿＿＿＿。

（eを選択した場合dについても解答すること）

7. 粮食

a. 以前にこの語を見たことはない。

b. 以前にこの語を見たことはあるが、意味はわからない。

c. 以前にこの語を見たことがある。

この語の意味は＿＿＿＿＿＿＿＿と思う。

d. この語の意味を知っている。意味は＿＿＿＿＿＿＿＿。

e. この語を使って文を作ることができる。

＿＿＿＿＿＿＿＿＿＿＿＿＿＿＿＿＿＿。

（eを選択した場合dについても解答すること）

8. 无穷

a. 以前にこの語を見たことはない。

b. 以前にこの語を見たことはあるが、意味はわからない。

c. 以前にこの語を見たことがある。

この語の意味は＿＿＿＿＿＿＿＿と思う。

d. この語の意味を知っている。意味は＿＿＿＿＿＿＿＿。

e. この語を使って文を作ることができる。

＿＿＿＿＿＿＿＿＿＿＿＿＿＿＿＿＿＿。

（eを選択した場合dについても解答すること）

付録資料

9. 料到
    a. 以前にこの語を見たことはない。
    b. 以前にこの語を見たことはあるが、意味はわからない。
    c. 以前にこの語を見たことがある。
       この語の意味は＿＿＿＿＿＿＿＿＿と思う。
    d. この語の意味を知っている。意味は＿＿＿＿＿＿＿＿＿。
    e. この語を使って文を作ることができる。
       ＿＿＿＿＿＿＿＿＿＿＿＿＿＿＿＿＿＿＿。
    （eを選択した場合dについても解答すること）

10. 享用
    a. 以前にこの語を見たことはない。
    b. 以前にこの語を見たことはあるが、意味はわからない。
    c. 以前にこの語を見たことがある。
       この語の意味は＿＿＿＿＿＿＿＿＿と思う。
    d. この語の意味を知っている。意味は＿＿＿＿＿＿＿＿＿。
    e. この語を使って文を作ることができる。
       ＿＿＿＿＿＿＿＿＿＿＿＿＿＿＿＿＿＿＿。
    （eを選択した場合dについても解答すること）

11. 和谐
    a. 以前にこの語を見たことはない。
    b. 以前にこの語を見たことはあるが、意味はわからない。
    c. 以前にこの語を見たことがある。
       この語の意味は＿＿＿＿＿＿＿＿＿と思う。
    d. この語の意味を知っている。意味は＿＿＿＿＿＿＿＿＿。

e.　この語を使って文を作ることができる。

_____。

（eを選択した場合dについても解答すること）

付録資料

付録4　ストラテジー調査票（第5章）

（　　　）年（　　　）班　　　　　名前＿＿＿＿＿＿＿＿＿＿＿＿＿＿

普段の中国語学習の方法に関して、1〜4のあてはまる数字に○をつけてください。

1＝いつもする。　2＝時々する。　3＝あまりしない。　4＝全くしない。				
初めて見る課文は、まず（心の中で）中国語で発音して読んでみる。	1	2	3	4
知らない単語であっても、（心の中で）中国語で発音して読んでみる。	1	2	3	4
読みながら文の構造（区切りはどこか、品詞は何かなど）を考える。	1	2	3	4
調べて課文の意味がわかったら一度声に出して読む。	1	2	3	4
調べて課文の意味がわかったら一度CDで聞く。	1	2	3	4
知らない単語は、辞書で調べる前に、文脈からある程度意味を推測する。	1	2	3	4
知らない単語は、辞書で調べる前に、文の構造（品詞は何かなど）からある程度意味を推測する。	1	2	3	4
知らない単語は、辞書で調べる前に、漢字からその字を使った他の中国語の単語を連想して、ある程度意味を推測する。	1	2	3	4
知らない単語は、辞書で調べる前に、漢字からその字を使った日本語の単語を連想して、ある程度意味を推測する。	1	2	3	4
意味やピンインなどがわからない単語は、後回しにせず、その場ですぐに辞書で調べる。	1	2	3	4
意味やピンインなどがある程度わかっても、100％自信がない場合は必ず辞書で調べる。	1	2	3	4
電子辞書の発音機能で発音を聞く。	1	2	3	4
意味を調べたいだけの時も、辞書で調べる際には例文を見る。	1	2	3	4
作文の時には、辞書を調べる際に例文を見る。	1	2	3	4
よくわからない単語は先生に聞く。	1	2	3	4
辞書以外に百度（中国の検索サイト）を利用して調べる。	1	2	3	4
携帯アプリを中国語学習に利用している。	1	2	3	4
YouTubeを視聴して中国語に触れている。	1	2	3	4
別に単語帳を作っている。	1	2	3	4
教科書に直接意味とピンインを書く。	1	2	3	4

ノート或いは教科書に、課文全ての日本語訳を書く。	1	2	3	4
単語は課文の文章ごと覚える。	1	2	3	4
単語は漢字のイメージと連想づけて覚える。	1	2	3	4
単語は何回も口に出して読んで覚える。	1	2	3	4
単語は発音しながら紙に書いて覚える。	1	2	3	4
単語はCDを聞きながら紙に書いて覚える。	1	2	3	4
単語はひたすら紙に書いて覚える。	1	2	3	4
ピンインも（英語のスペルのように）紙に書いて覚える。	1	2	3	4
単語はただ目で見るだけで覚える。	1	2	3	4
単語は辞書で調べる作業によって覚える。	1	2	3	4

あとがき

　本書は2017年12月に大阪大学大学院言語文化研究科に提出し、2018年3月に学位を授与された博士論文「日本語を母語とする中国語学習者の語彙習得と語彙学習に影響を与える要因—未知語の処理と語彙学習ストラテジー—」をもとに加筆し、修正を加えたものである。また、全6章のうち以下の章の内容は、論文として各雑誌に掲載されている。

第3章　「未知語の意味推測における中国語学習者の語構成への意識調査」
　　　　（2016）『漢語与漢語教学研究』第7号
　　　　「日本語を母語とする中国語学習者の未知語の意味推測—学習者の
　　　　知識源と誤推測の原因に関する考察—」（2017）『EX ORIENTE』
　　　　Vol.24
　　　　「日本語を母語とする学習者の中国語語彙の語素義の認識」（2019）
　　　　『御殿山語用論研究論集』第5号
第4章　「日本語を母語とする中国語学習者のL2読解における付随的語彙
　　　　学習—10名の学習者のケーススタディ—」（2019）『中国語教育』
　　　　第17号
　　　　「中国語学習者のL2読解の中での未知語の認識—think aloudによる
　　　　ケーススタディ—」（2022）『外国語教育研究（JAFLE BULLETIN）』
　　　　第25号
第5章　「日本語を母語とする中国語学習者の語彙学習ストラテジー—中
　　　　国語専攻に在籍する大学生への調査から—」（2019）『外国語教育
　　　　研究（JAFLE BULLETIN）』第22号

　博士論文の執筆過程においては、多くの先生がたからご指導を賜った。指導教官である古川裕先生（大阪大学大学院人文学研究科教授）には、長きに渡

りお世話になった。これまで中国語研究界および中国語教育界に様々な面で貢献してこられた古川先生も、2025年3月末日をもって定年退職をされることになる。時間の流れがあまりに早く、全くもって信じられないのだが、先生がご定年を迎えられる前に本書を出版し、お届けすることができる運びになったのは嬉しく思う。副指導教官であった杉村博文先生（大阪大学名誉教授）は、私が博士課程在学中にご定年を迎えられた。杉村先生の授業は大変難しく、文法や統語の研究が専門でない私は、院生時代全く授業についていけなかった。しかし、杉村先生が学内での最後の授業の中で、我々博士生に向かって「頼むで」「しっかり教えてや」とおっしゃったことは今でも忘れられない。大学院修了後、少なくとも中国語教育に携わり続けているので、約束は守ることができていると信じたい。同じく副指導教官の真嶋潤子先生（大阪大学名誉教授／国際交流基金関西国際センター所長）とは、ありがたいことに現在も学会活動で、ご一緒させていただいている。真嶋先生の日本語教育学のゼミに参加させていただいたことで、言語教育学という広い視野を持つことができ、その後の自身の研究の関心や方向性も大きく影響を受けたように思う。節目節目で温かい言葉をかけてくださる真嶋先生からは、いつも大きな力をいただいている。杉村先生ご退職後は、筒井佐代先生（大阪大学大学院人文学研究科教授）が副指導を引き受けてくださった。筒井先生は日本語教育学がご専門なので、突然訪ねてきた中国語専門の博士生に戸惑われたのではないかと思う。しかし博士論文提出前の最後の1年であったにも関わらず、丁寧に論文を読んでくださり、的確なアドバイスをくださった。また、大学院修了直後のある日、筒井先生が「小川さんは博論出版しないの？」と声をかけてくださったのだが、この一言がなければ恐らく本書は存在していなかったはずだ。博士課程在学中には、修士時代を過ごした母校の北京大学大学院対外漢語教育学院において研究留学のため1年間滞在する機会にも恵まれた。北京大学側の指導教官であった劉頌浩先生には、博士論文の内容について何度も相談に乗っていただいた。期せずして、劉先生はその後日本で教えられることになり（現・山梨学院大学教授）、不思議なご縁を感じている。

あとがき

　博士論文の執筆は、時には孤独で辛く、見えない出口を探し続けることになる。しかし最後まで執筆を続けることができたのは、お互いに励ましあった大学院の仲間の存在も大きい。何度も夜を明かして論文を執筆した、当時の院生室も思い出深い場所である。しかし2021年の大阪大学箕面キャンパスの移転に伴い、旧箕面キャンパスは今では閉鎖され、立ち入り禁止になっているという。

　本書での研究調査に協力してくださった学生の皆さんにも大変感謝している。特に、第4章での調査に協力をしてくれた10名の皆さんは、何度も呼び出され、中国語の長文を読まされたり、テストを受けさせられたりと、大変だったのではないかと思う。感謝してもしきれない。調査を実施したのは2016年から2017年にかけてであったため、当時の学生たちも、今では社会人として活躍しているはずだ。改めて本書を見ると、第5章の中で、1名が語彙学習ストラテジーとして「iPodを使用していた」と語っている。現在ではもうiPodは販売もされておらず、時代にそぐわないため、本書刊行の際には削除しようかと思った時もあった。しかしその時々に最も適したストラテジーを使用するのもまたstrategic learningの表れであり、当時の学習者が選択したストラテジーを記録として残すことも必要であると考え、そのまま記載することにした。

　最後になったが、本書は「2024年度愛知大学出版助成」を受けて出版されている。東方書店の家本奈都氏には出版助成申請時から随分とお世話になった。また編集をご担当くださった竹内昂平氏は何度も丁寧に原稿に目を通してくださり、根気強くおつきあいくださった。改めてお礼を申し上げたい。

2024年12月

小川典子

著者紹介

小川 典子（おがわ のりこ）
愛知大学現代中国学部　准教授
大阪大学大学院言語文化研究科言語社会専攻博士後期課程修了　博士
（言語文化学）
専門は中国語教育および母語・継承語教育

日本語母語話者のための中国語語彙習得研究

2025 年 2 月 28 日　初版第 1 刷発行

著　　者●小川典子
発行者●間宮伸典
発行所●株式会社東方書店
　　　　東京都千代田区神田神保町 1-3　〒 101-0051
　　　　電話 (03)3294-1001　営業電話 (03)3937-0300

組　　版●三協美術
装　　幀●冨澤崇（EBranch）
印刷・製本●株式会社ディグ

※定価はカバーに表示してあります

ⓒ2025　小川典子　　　Printed in Japan
ISBN978-4-497-22503-0　C3087

乱丁・落丁本はお取り替え致します。恐れ入りますが直接本社へご郵送ください。
Ⓡ 本書を無断で複写複製（コピー）することは、著作権法上での例外を除き、
禁じられています。本書をコピーされる場合は、事前に日本複製権センター
（JRRC）の許諾を受けてください。
JRRC〈http://www.jrrc.or.jp　E メール：info@jrrc.or.jp　電話：03-3401-2382〉
小社ホームページ〈中国・本の情報館〉で小社出版物のご案内をしております。
https://www.toho-shoten.co.jp/